AF494684

PETIT ABRÉGÉ

DE

GÉOGRAPHIE ANCIENNE

AVIS POUR LES ÉLÈVES

La position de chaque pays, de chaque peuple, de chaque ville, est toujours indiquée par rapport à ce qui précède. Ainsi après ces mots : Au S. (au Sud), au S.-O. (au Sud-Ouest), etc., il faut sous-entendre la ville ou le pays nommé précédemment.

TABLEAU DE QUELQUES ABRÉVIATIONS.

S. — Sud.
S.-O. — Sud-Ouest.
S.-E. — Sud-Est.
N. — Nord.
N.-O. — Nord-Ouest.
N.-E. — Nord-Est.
V. P. — Villes principales.
P. P. — Peuples ou pays principaux.
1er, 2e, 3e, etc., s. — 1er, 2e, 3e, etc., siècle av. J.-C.
m. n. — même nom.
G. de. — Golfe de.
C. — Capitale.

Typographie Lahure, rue de Fleurus, 9, à Paris.

PETIT ABRÉGÉ
DE
GÉOGRAPHIE
ANCIENNE

PAR ÉM. LEFRANC

AUTEUR DE LA GRAMMAIRE FRANÇAISE ET DE LA GRAMMAIRE LATINE
ADOPTÉES PAR LE CONSEIL DE L'INSTRUCTION PUBLIQUE

LIBRAIRIE JACQUES LECOFFRE
LECOFFRE FILS ET Cie, SUCCESSEURS

PARIS
90, RUE BONAPARTE

LYON
RUE BELLECOUR, 2

PETIT ABRÉGÉ

DE

GÉOGRAPHIE ANCIENNE

NOTIONS PRÉLIMINAIRES

PARTIES DU MONDE ET MERS CONNUES DES ANCIENS.

1. Qu'est-ce que les Anciens connaissaient du monde? — 2. Comment les Anciens divisaient-ils les mers? — 3. Combien y avait-il de mers extérieures? — 4. Quelle mer formait l'océan Hyperborée? — 5. Quelles mers formait l'océan Atlantique? — 6. Quelles mers formait l'océan Érythrée? — 7. Combien y avait-il de mers intérieures? — 8. Combien distinguait-on de parties dans la mer Intérieure?

---

1. Les Anciens connaissaient, mais non pas en totalité, les trois parties du monde appelées *Asie, Afrique* et *Europe,* ou Ancien Continent. Ils ne connaissaient nullement ce que nous nommons *Océanie* ou Continent Austral ; mais ils soupçonnaient vaguement l'existence d'un autre Continent dans l'océan Atlantique, sous le nom d'*Atlantide.* C'est le nouveau Continent ou *Amérique.*

2. Les Anciens divisaient les mers en *mers extérieures* et en *mers intérieures.*

3. Il y avait quatre mers extérieures, savoir :

1° L'*océan Hyperboréen* (océan Glacial arctique), au N(*).;

2° L'*océan Atlantique* (même nom), à l'O.;

3° L'*océan Erythrée* ou *mer Indienne* (mer des Indes, océan Indien), au S. de l'Asie;

4° L'*océan Oriental* (Grand Océan), à l'E.

4. L'océan Hyperborée, nommé aussi *mer Paresseuse*, à cause de ses glaces, formait, selon les Anciens :

Le *golfe Codan* ou *océan Sarnatique* (mer Baltique), opinion fausse, puisque la mer Baltique communique, non avec l'océan Glacial, mais avec la mer du Nord.

5. L'océan Atlantique formait deux mers principales :

1° L'*océan Septentrional* ou *Germanique* (mer du Nord ou d'Allemagne);

2° L'*océan Britannique* (la Manche).

6. L'océan Érythrée formait deux mers principales :

1° Le *golfe Arabique* (mer Rouge);

2° Le *Grand Golfe* (golfe de Siam).

7. Il y avait deux mers intérieures principales :

1° La *mer Caspienne* (même nom), qui ne communique avec aucune autre mer;

2° La *mer Intérieure* (Méditerrannée), qui communique avec l'océan Atlantique par le *détroit de Gadès* ou *d'Hercule* (détroit de Gibraltar).

8. On distinguait dans la mer Intérieure six parties principales, savoir, à partir du N.-.E. :

1° Le *Palus-Méotide* (mer d'Azov ou de Zabache);

2° Le *Pont-Euxin* (mer Noire);

3° La *Propontide* (mer de Marmara);

4° La *mer Égée* (Archipel);

5° La *mer Intérieure proprement dite* (Méditerranée);

6° *La mer Adriatique* (golfe de Venise).

[1] Les noms mis entre parenthèses sont les noms modernes correspondants aux noms anciens.

PREMIÈRE SECTION.— ASIE.

BORNES ET DIVISIONS GÉNÉRALES DE L'ASIE.

9. Quelles étaient les bornes de l'Asie ancienne? — 10. Quelles étaient les divisions générales de l'Asie ancienne?

---

9. L'ASIE avait pour bornes :

A l'O., le golfe Arabique, l'isthme d'Égypte (isthme de Suez), la mer Intérieure jusqu'au Palus-Méotide, le Tanaïs (Don) et le Rha (Volga) ;

Au N., la Sarmatie, la mer Caspienne, et la Scythie; à l'E., le Grand Golfe et le promontoire Notium (pointe de Cambodge) ;

Au S., l'océan Érythrée et la mer Intérieure ;

Au N. et à l'E., les bornes de l'Asie n'étaient pas connues des Anciens.

10. L'Asie ancienne se divisait en 7 régions, subdivisées en 29 contrées principales, savoir :

RÉGIONS	CONTRÉES
Péninsule occidentale.	Asie Mineure.
Asie entre la Méditerranée et l'Euphrate.	Syrie. Phénicie. Palestine.
Péninsule méridionale.	Arabie.
Asie entre l'Euphrate et l'Indus. . . .	Babylonie ou Chaldée. Mésopotamie. Arménie. Assyrie. Médie. Susiane. Perse Propre. Carmanie. Gédrosie. Arachosie. Drangiane. Arie. Paropamise. Bactriane. Sogdiane. Margiane. Hyrcanie et Parthiène.

RÉGIONS	CONTRÉES
Asie caucasienne . . .	Albanie. Ibérie. Colchide. Sarmatie asiatique.
Asie septentrionale. .	Scythies et Sérique.
Asie orientale.	Indes. Pays des Sines.

1re RÉGION. — PÉNINSULE OCCIDENTALE OU ASIE MINEURE.

11. Quelles étaient les bornes de l'Asie Mineure? — 12. Quels en étaient les fleuves principaux? — 13. Quelles en étaient les divisions principales?

---

11. L'Asie Mineure (Anatolie, Turquie d'Asie) avait pour bornes :

Au N., le Pont-Euxin et la Propontide;

A l'O., la mer Égée;

Au S., la mer Intérieure;

A l'E., l'Amanus, branche du mont Taurus, l'Euphrate et le Bathys.

12. Les principaux fleuves de l'Asie mineure étaient :

l'*Halys* (Kizyl-Irmack ou Fleuve Rouge) et le *Sangarius* (la Sakaria), qui se rendaient au Pont-Euxin;

L'*Hermus* (Kodos ou Sarabat) et le *Méandre* (Mendres), qui se jetaient dans la mer Égée.

13. L'Asie Mineure, sans compter les îles, se divisait en 12 provinces principales :

3 à l'O. : la *Carie*, la *Lydie* et la *Mysie;*

3 au N. : la *Bithynie*, la *Paphlagonie* et le *Pont;*

3 au centre : la *Cappadoce* la *Galatie* et la *Phrygie;*

3 au S. : la *Lycie*, la *Pamphylie*, et la *Cilicie*.

ART. 1er. *Provinces de l'Ouest* (Carie, Lydie et Mysie).

14. Comment se divisait la Carie? — 15. Quelles étaient les villes principales de la Carie? — 16. Comment se divisait la Lydie? — 17. Quelles étaient les villes principales de la Lydie? — 18. Comment se divisait la Mysie? — 19. Quelles étaient les villes principales de la Mysie?

I. CARIE.

14. La CARIE se divisait en deux parties : 1° la *Carie propre;* 2° la *Doride.*

15. Les villes principales (V. P.) de la Carie étaient :

1° Dans la CARIE PROPRE :

Milet (Palatsha), sur la mer Égée, patrie de Thalès, l'un des sept sages (6e siècle avant J. C.) [1].

Halicarnasse (Boudroun, c'est-à-dire Château), au S., sur la mer Égée, patrie des historiens Hérodote (5e s.) et Denis (1er s.). C'était la capitale du royaume de *Mausole*, auquel Artémise, sa femme, éleva le *Mausolée*, l'une des Sept Merveilles du monde.

2° Dans la DORIDE :

Guide (Porto-Genovese, c'est-à-dire Port-Génois), au S. d'Halicarnasse, près de la mer Égée.

II. LYDIE.

16. La LYDIE se divisait en deux parties : 1° la *Lydie propre;* 2° l'*Ionie.*

17. Les V. P. de la Lydie étaient :

1° Dans la LYDIE PROPRE :

Sardes (ruines sous le nom de Sart), au N.-E. de Gnide, C. du royaume de Crésus.

[1] Ces mots *siècle avant J. C.* seront désormais désignés par la lettre *s.*

Magnésie (Manissa), au N.-O., patrie de l'historien géographe Pausanias (2ᵉ s.). L'aimant, qu'on y découvrit, en a reçu le nom latin de *magnes*.

2° Dans l'Ionie :

Smyrne (même nom, l'Ismir des Turks), au S.-O. de Magnésie, sur la mer Égée, patrie des poëtes Homère (10ᵉ s.) et Bion (3ᵉ s.).

Phocée (Fokia), au N.-O., sur la mer Égée, dont une colonie fonda Marseille, l'an 600 av. J. C.

Ephèse (Ayasolouk), au S.-E., sur la mer Égée, célèbre par son temple de Diane, l'une des Sept Merveilles du monde.

Téos (Boudroun), au N.-O., patrie du poëte Anacréon. (5ᵉ s.).

III. MYSIE.

18. La Mysie se divisait en 4 parties : 1° la *Grande Mysie;* 2° l'*Éolide;* 3° la *Troade;* 4° la *Petite-Mysie.*

19. Les V. P. de la Mysie étaient :

1° Dans la Grande-Mysie :

Pergame (Bergamo), au N.-O. de Téos, célèbre par sa bibliothèque, par son temple d'Esculape, et par le parchemin (*pergamenea charta*), qui y fut inventé. C'est la patrie du médecin Galien (2ᵉ s. de J. C.).

2° Dans l'Éolide :

Cumes (détruite), au S.-O. de Pergame, sur la mer Égée, patrie du poëte Hésiode, contemporain d'Homère (17 *).

3° Dans la Troade :

Troie ou *Ilium* (Poungar-Bachi), au N.-O. de Cumes, au pied du mont Ida, célèbre par un siége de dix ans qu'elle soutint contre les Grecs (1280-1270) av. J. C.).

4° Dans la Petite-Mysie :

Abydos (Nagara-Bouroun), au N.-E. de Troie, sur la partie la plus étroite de l'Hellespont (Détroit des Dardanelles) qui fait communiquer la Propontide avec la mer Égée.

[1] Les numéros mis entre parenthèses sont des numéros de renvoi.

Lampsaque (Lamsaki ou Tcherdak), au N.-E., sur la Propontide, célèbre par le culte de Priape.

Cyzique (Zisick), au N., dans une île de la Propontide.

Art. 2. *Provinces du Nord* (Bithynie, Paphlagonie et Pont).

20. Quelles étaient les villes principales de la Bithynie? — 21. De la Paphlagonie? — 22. Du Pont?

I. BITHYNIE.

20. Les V. P. de la Bithynie étaient :

Nicomédie (Iz-Nikmid), au N.-E. de Lampsaque, sur la Propontide, C. du roi Prusias, qui reçut à sa cour Hannibal et le trahit (2e s.).

Chalcédoine (m. n. ou Kadi-keui, c.-à-d. village du Cadi), au N.-O. sur le *Bosphore de Thrace* (Canal de Constantinople), qui faisait communiquer la Propontide avec le Pont-Euxin.

Nicée (Iz-Nik), au S.-E., où se tint, l'an 325 de notre ère, le 1er concile œcuménique, contre les Ariens, qui niaient la divinité de J. C.

Pruse (Brousse), au S.-O., au pied du mont Olympe (Kherchich-Tag), C. de l'empire des Turks Ottomans (l'an 1327) jusqu'à la prise d'Andrinople en Europe (l'an 1360).

II. PAPHLAGONIE.

21. Les V. P. de la Paphlagonie étaient :

Sesame, puis *Amastris* (Amasreh), au N.-E., sur le Pont-Euxin.

Sinope (m. n. ou Sinab), au N.-E., sur le Pont-Euxin, patrie de Mithridate le Grand (1er s.) et de Diogène le Cynique (3e s.).

III. PONT

22. Les V P. du Pont étaient :

Amasée (Amasie), au S.-E. de Sinope, patrie du géographe Strabon (1er s.).

Zéla (Zileh), au S., où César battit Pharnace, fils de Mithridate; victoire qu'il résuma par ces mots : *Je vins, je vis, je vainquis* (veni, vidi, vici).

Pharnacie ou *Cérasonte* (Kerasun), au N.-E., d'où Lucullus apporta le premier *cerisier* en Europe.

Trapezonte (Trébizonde ou Trabezun), au N.-E. sur le Pont-Euxin, C. d'un empire grec, fondé en 1204 et qui survécut quelque temps à l'empire de Constantinople.

Art. 3. *Provinces du Centre* (Cappadoce, Galatie et Phrygie).

I. CAPPADOCE.

23. Comment se divisait la Cappadoce? — 24. Quelles étaient les villes principales de la Cappadoce? — 25. Comment se divisait la Galatie? — 26. Quelles étaient les villes principales de la Galatie? — 27. Comment se divisait la Phrygie? — 28. Quelles étaient les villes principales de la Phrygie?

---

23 La Cappadoce se divisait en trois parties : 1° la *Cappadoce Propre*; 2° l'*Arménie Mineure*; 3° la *Cataonie*.

24. Les V. P. de la Cappadoce étaient :

1° Dans la Cappadoce propre :

Mazaca ou *Césarée d'Argée* (Kaïsarieh), au S.-O. de Trapezonte, au pied du mont *Argée* (Ardjis), patrie de S. Basile, l'un des Pères de l'Église grecque (4e s. de J. C.).

Nazianze (détruite), au S.-O., patrie de S. Grégoire dit *de Nazianze* (4e s. de J. C.).

2° Dans l'Arménie mineure :

Mélitène (Malathia), au N.-E. de Nazianze, quartier de la légion chrétienne appelée *la Foudroyante*. Polyeucte y subit le martyre (3e s. de J. C.).

3° Dans la Cataonie :

Comane (El-Bostan, c.-à-d. le jardin), au S.-O. de Mélitène, célèbre par son temple de Bellone.

Tyane au S.-O., au pied du Taurus, patrie de l'imposteur Apollonius, appelé le *Thaumaturge*, ou *faiseur de miracles*.

II. GALATIE.

25. La Galatie se divisait en trois peuplades : 1° les *Trocmes;* 2° les *Tectosages;* 3° les *Tolistoboïens*.

26. Les V. P. de la Galatie étaient :

1° Chez les Trocmes :

Gangra (Kanghri), au N.-O. de Tyane, résidence du roi Déjotarus, défendu par Cicéron.

2° Chez les Tectosages :

Ancyre (Angora), au S.-O. de Gangra, à qui S. Paul adressa ses épîtres, connues sous le nom d'*Épîtres aux Galates*. — Le poil des chèvres et des lapins y était d'une finesse et d'une douceur extrêmes. On en fabriquait des tissus très-estimés.

3° Chez les Tolistoboiens :

Pessinonte (Nalikan), au S.-O. d'Ancyre, sur le Sangarius, célèbre par le culte de Cybèle.

Amorium (Amoria), au S.-E., patrie d'Ésope (6e s.).

Gordium, au N.-O., où Alexandre trancha d'un coup d'épée le *nœud gordien*, auquel était attaché l'empire de l'Asie.

II. PHRYGIE.

27. La Phrygie se divisait en deux parties : 1° la *Phrygie propre;* 2° la *Lycaonie*.

28. Les V. P. de la Phrygie étaient :

1° Dans la Phrygie propre :

Laodicée-Diospolis (Ladik ou Eski-Hissar, c.-à-d. Vieux-Château), au S.-O. de Gordium, résidence du gouverneur romain.

Colosses, puis *Chonos* (Conous), à l'E., à qui S. Paul adressa une épître (*Ad Colossenses*).

Ipsus, au N.-E., bourg où les successeurs d'Alexandre

se livrèrent, l'an 301, une bataille après laquelle eut lieu le dernier partage de l'empire macédonien.

Thymbrée, à l'E., où Crésus perdit la victoire et le trône contre Cyrus (548 av. J.-C.).

2° Dans la LYCAONIE :

Iconium (Konieh), au S.-E. de Thymbrée, où Soliman, fils de Seldjouck, fonda (1074 de J. C.) la dynastie turque des sultans seldjoucides d'Iconium ou de Roum.

Lystre et *Derbe*, au S., où S. Paul prêcha l'Évangile.

ART. 4. *Provinces du Sud* (Lycie, Pamphylie et Cilicie).

I. LYCIE.

29. Quelles étaient les villes principales de la Lycie? — 30. Comment se divisait la Pamphylie? — 31. Quelles étaient les villes principales de la Pamphylie? — 32. Comment se divisait la Cilicie? — 33. Quelles étaient les villes principales de la Cilicie?

I. LYCIE.

29. Les villes principales de la LYCIE étaient :

Telmissus (près de Macri), au S.-O. de Derbe, sur la mer Intérieure, un des principaux siéges de la magie : tout le monde, dit-on, y naissait devin.

Patare (Patéra), au S.-E., sur la mer Intérieure, avec un temple célèbre d'Apollon. Le dieu, qui rendait des oracles à Delphes (205) pendant l'été, les rendait à Patare pendant l'hiver.

II. PAMPHYLIE.

30. La PAMPHYLIE se divisait en trois parties : 1° la *Pamphylie propre ;* 2° la *Pisidie ;* 3° l'*Isaurie*.

31. Les V. P. de la Phamphylie étaient :

1° Dans la PAMPHYLIE PROPRE :

Perga (Kara-Hissar ou Noir-Château), au N.-E. de Patare, où S. Paul prêcha l'Évangile.

Side (en ruines, Eski-Adalia), au S.-E., patrie du jurisconsulte Trébonien (6e s. de J. C.), et retraite ordinaire des pirates ciliciens.

2° Dans la Pisidie :

Termesse (Estenaz), au N.-O. de Side, pays des Solymes, dont parle Homère.

3° Dans l'Isaurie :

Isaure (Bei-Shéri), au N.-E. de Termesse, célèbre par le courage de ses habitants.

III. CILICIE.

32. La Cilicie se divisait en deux parties : 1° la *Cilicie Trachée* ou *Montagneuse;* 2° la *Cilicie Champêtre.*

33. Les V. P. de la Cilicie étaient :

1° Dans la Cilicie Trachée ou Montagneuse :

Laërte, au S. d'Isaure, patrie de Diogène dit *de Laërte*, biographe des anciens philosophes (2e s. de J. C.).

Sélinonte, puis *Trajanopolis* (Selenti), au S.-E., où mourut l'empereur Trajan (171 de J. C.).

2° Dans la Cilicie Champêtre :

Tarse (Tarsous) au N.-E. de Sélinonte, sur le Cydnus, patrie de S. Paul, et rivale d'Athènes et d'Alexandrie dans les sciences et dans les arts.

Soles, puis *Pompéiopolis* (Mezelu), au S.-O., où Pompée plaça les restes des pirates qu'il avait vaincus.

Issus (Payas ou Bayas), à l'E., célèbre par deux victoires, l'une d'Alexandre sur Darius (333 av. J. C.), l'autre de Septime Sévère sur Pescennius Niger (194 de J. C.).

Art. 5. *Iles de l'Asie mineure.*

34. Quelles étaient les îles principales de l'Asie Mineure?

---

34. Les îles principales dépendantes de l'Asie Mineure, étaient :

1° Dans la mer Cilicienne, partie de la mer Intérieure :

Cypre ou Chypre (m. n.), vis-à-vis de la Cilicie, consacrée spécialement à Vénus, qui naquit sur ses bords de l'écume de la mer. Elle avait pour villes principales :

Salamine (Constanza), à l'E., fondée l'an 1270 av. J. C. par Teucer, fils de Télamon, roi de l'île de Salamine en Grèce ; ses descendants dont le plus célèbre est Evagoras (440 av. J. C.), y régnèrent plus de huit siècles ;

Citium (Chiti), au S.-O., patrie de Zénon, fondateur de la secte stoïcienne (4e s.).

Amathonte (Limasol), au S.-O., avec un temple magnifique de Vénus.

Idalium (Dalin), au N.-E., ville, montagne, temple et bois consacrés à Vénus.

Palé-Paphos ou *Paphos l'Ancienne* (Baffa), et *Néo-Paphos* ou *Paphos la Nouvelle*, au S.-O., toutes deux consacrées à Vénus. C'est à Néo-Paphos que S. Paul convertit le proconsul romain Paulus Sergius, dont il prit le nom.

2° Dans la mer CARPATHIENNE (mer de Scarpanto), partie de la mer Égée :

Les SPORADES, ainsi nommées de ce qu'elles sont semées çà et là. Les principales étaient :

Carpathos (Scarpanto), au N.-O. de Chypre, d'où la mer Carpathienne a pris son nom.

Rhodes (m. n.), au N.-O. avec une ville de même nom, célèbre par un colosse d'airain haut de 35 mètres, et qui représentait Apollon.

Cos (Stancho), au N.-O., patrie du médecin Hippocrate et du peintre Apelles (4e s.).

Patmos (Patmo), au N.-O., où S. Jean l'Évangéliste, exilé par Domitien (96 de J. C.), écrivit son *Apocalypse*.

3° Dans la mer ICARIENNE, partie de la mer Égée :

Icaria (Nicaria), au N.-O. de Patmos, ainsi nommée d'Icare, qui se noya dans cette mer :

Samos (Samo) à l'O., séjour chéri de Junon et patrie du philosophe Pythagore (6e s.).

4° Dans la mer ÉGÉE :

Chios (Chio), au N.-O. de Samos, célèbre par ses vins, les meilleurs de la Grèce.

Les *Arginusses* (îles de Janot), au N.-E., trois îles auprès desquelles les Athéniens défirent la flotte lacédémonienne (406 av. J.-C.).

Lesbos (Mételin), au N.-O., célèbre par ses vins. On y trouvait *Mitylène* (Mételin), patrie de la fameuse Sapho, poëte lyrique (6e s.) ; *Eressus* (Eresso), patrie de Théophraste (4e s.), dont La Bruyère a traduit les *Caractères*.

Ténédos (Ténédo), au N. et vis-à-vis de Troie (19).

5° Dans la PROPONTIDE :

Proconnésos (Marmara), au N.-E. de Ténédos, célèbre par son marbre (en latin *marmor*), d'où vient le nom moderne de la mer et de l'île.

IIe RÉGION. — ASIE ENTRE LA MÉDITERRANÉE ET L'EUPHRATE.

35. Quelles étaient les bornes de l'Asie entre la Méditerranée et l'Euphrate? — 36. Que comprenait cette partie de l'Asie?

---

35. L'ASIE ENTRE LA MÉDITERRANNÉE ET L'EUPHRATE (partie de la Turquie d'Asie) avait pour bornes :

Au N., l'Amanus ;

A l'O., la mer Intérieure ;

Au S., la Péninsule Arabique ;

A l'E., l'Euphrate.

36. L'Asie entre la Méditerranée et l'Euphrate comprenait trois parties :

1° La *Syrie*, au N. ;

2° La *Phénicie*, à l'O. ;

3° La *Palestine*, au S.

ART. 1er. *Syrie*.

37. Quelles étaient les bornes de la Syrie? — 38. Quels étaient les montagnes et le principal fleuve de la Syrie? — 39. Quelles étaient les divisions de la Syrie? — 40. Quelles étaient les villes principales de la Syrie propre? — 41. De la Cœlé-Syrie?

---

37. La SYRIE (Sham, c.-à-d. la gauche, par rapport à

l'Arabie), nommée dans l'Écriture *Aram*, avait pour bornes :

Au N.-O., l'Amanus, et au N. le Taurus ;

A l'E., l'Euphrate ;

Au S., l'Arabie et la Palestine ;

A l'O., la Phénicie et la mer Intérieure.

38. La Syrie renfermait, vers le S., deux chaînes de montagnes parallèles où croissaient de beaux cèdres :

Le *Liban* (m. n.) ;

L'*Anti-Liban* (Djebel-el-Chaïk).

Le principal fleuve de la Syrie était :

L'*Oronte* ou *Axius* (Nahr-el-Asi).

39. La Syrie se divisait en deux provinces principales :

1° La *Syrie propre, Supérieure* ou *Haute*, au N. ;

2° La *Cœlé-Syrie* ou *Syrie Creuse*, entre le Liban et l'Anti-Liban.

40. Les V. P. de la Syrie propre étaient :

Samosate (Semisat), au N.-E., sur l'Euphrate, patrie du philosophe satirique Lucien (2e s. de J. C.).

Chalybon ou *Berœa* (Alep), au S.-O., célèbre par ses vins.

Antioche la Grande (Antakieh), à l'O., sur l'Oronte, surnommée la *Reine de l'Orient*, où les disciples de J. C. prirent le nom de *chrétiens*. C'est la patrie du poëte Archias (1er s.), de l'évangéliste S. Luc, et de S. Jean Chrysostome (5e s. de J. C.).

Apamée (Famieh), au S.-E., patrie du philosophe Posidonius (1er s.).

Emèse (Ems), au S.-E., près de l'Oronte, patrie d'Héliogabale, qui, de prêtre du Soleil (en syrien *Elagabal*), devint empereur romain, l'an 218 de J. C.

Palmyre, au N.-E., bâtie par Salomon sous le nom de *Tadamora* (Tadmor), au milieu d'un désert sablonneux, couvert de palmiers. C'est la patrie de la reine Zénobie, vaincue par l'empereur Aurélien, l'an 273 de J. C. On y voit des ruines magnifiques.

41. Les V. P. de la Cœlé-Syrie étaient :

Damas (m. n.), au S.-E. d'Emèse, déjà florissante du temps d'Abraham, et qui l'a toujours été depuis. S. Paul s'y convertit l'an 34 de J. C.

Héliopolis, c.-à-d. *Ville du Soleil*, ou *Baal-Bek*, c.-à-d. *Maison du Seigneur* (Balbeck), au N.-O., célèbre par les restes d'un très-beau temple du Soleil.

Art. 2. *Phénicie.*

42. Quelles étaient les bornes de la Phénicie? — 43. Quelles furent les inventions des Phéniciens? — 44. Quelles étaient les villes principales de la Phénicie?

---

42. La Phénicie, langue de terre assez étroite, avait pour bornes :

Au N. et à l'E., la Syrie ;

Au S., la Palestine ;

A l'O., la Méditerranée, qui se nommait en cet endroit *mer de Phénicie.*

43. Les Phéniciens inventèrent, dit-on, la navigation, l'écriture, l'art de travailler les métaux, de fondre le verre, de tisser la toile et de teindre en pourpre. Leur commerce, qui s'étendait partout, leur procura d'immenses richesses.

44. Les V. P. de la Phénicie étaient :

Sidon (Seyde), au S.-O. d'Héliopolis, célèbre par son port, par ses verreries, par ses richesses et par sa corruption.

Tyr (m. n., ou Tsour), au S., C., et l'une des plus florissantes cités du monde. On doit la distinguer en trois villes : Tyr, sur le continent, prise par Nabuchodonosor II (6e s. av. J. C.); Tyr, sur l'île, prise par Alexandre (4e s. av. J. C); enfin Tyr, sur la péninsule, après que la chaussée construite par ce conquérant eut été changée par les atterrissements en un isthme.

Béryte (Beïrout), au N., patrie de Sanchoniathon, historien antérieur à la guerre de Troie (13e s. av. J. C.).

Tripolis (Tripoli), au N., ainsi nommée de ce qu'elle était composée de trois villes avec trois enceintes particulières.

Acco, puis *Ptolémaïs* (Acre ou Saint-Jean d'Acre), au S., sur une pointe qui s'avance en mer.

Art. 3. *Palestine.*

45. Quels étaient les noms de la Palestine? — 46. Quelles étaient les bornes de la Palestine? — 47. Quelles en étaient les principales montagnes? — 48. Quels en étaient les principales rivières et les principaux lacs? — 49. Quelles étaient les divisions de la Palestine? — 50. Quelles étaient les villes principales de la Galilée? — 51. De la Samarie? — 52. De la Judée et des Philistins? — 53. De la Pérée?

---

45. La Palestine s'appelait *Pays* ou *Terre de Chanaan* avant les Israélites; elle se nomma *Terre d'Israël* sous les Hébreux, et *Judée* après la captivité de Babylone (536 av. J. C.). Elle fut appelée *Palestine* par les Grecs et les Romains, qui donnaient le nom de *Palestins* aux *Philistins*, peuple de cette contrée. On l'appelle encore *Terre Promise* et *Terre Sainte.*

46. La Palestine avait pour bornes :

Au N., la Syrie et la Phénicie;

A l'O., la mer Intérieure, qui se nommait en cet endroit *Grande Mer;*

Au S., l'Arabie Pétrée;

A l'E., l'Arabie Déserte.

47. Outre le Liban et l'Anti-Liban (38), on trouvait dans la Palestine :

A l'O., le mont *Carmel* (m. n.), couvert de vignes et d'oliviers ;

Au centre, le *Thabor*, l'Itabyrius des Grecs, sur lequel eut lieu la transfiguration de J. C.

A l'E., l'*Hermon*, d'où sortait le Jourdain.

48. La principale rivière de la Palestine était :

Le *Jourdain* (m. n., Charri'a ou Arden), qui, coulant du N. au S., traversait le lac de Céncroth ou Génésareth, appelé aussi mer de Galilée ou *lac de Tibériade* (Tabarieh), et se jetait dans le *lac Asphaltite* ou *mer Morte* (Oulou-Deguizi ou Bahr-el-Loud, mer de Loth). Sur ses bords existaient jadis cinq villes, entre autres *Sodome* et *Gomorrhe*, détruites par le feu du ciel.

49. La Palestine, partagée d'abord en un grand nombre de *peuples* sous les Chananéens, le fut ensuite en 12 *tribus* sous les Israélites, puis en 2 *royaumes* après la mort de Salomon, enfin en 4 *provinces* après la captivité de Babylone.

Les principaux peuples étaient : les *Chananéens* proprement dits, au N.; les *Philistins*, à l'O. ; les *Jébuséens*, au centre; les *Amalécites*, au S. ; les *Moabites*, les *Amorrhéens* et les *Ammonites*, à l'E.

Les douze tribus eurent pour chefs les douze fils de Jacob, moins Joseph, qui fut représenté par ses deux fils Manassé et Ephraïm, et Lévi, dont la postérité, réservée au sacerdoce, n'obtint en partage que 48 villes, appelées *lévitiques*, et disséminées sur le territoire des autres tribus. Six d'entre elles, sous le nom de *villes de refuge*, servaient d'asile aux homicides involontaires.

Les deux royaumes, formés après Salomon, étaient : 1° le *royaume de Juda* (tribus de Juda et de Benjamin), avec Jérusalem pour capitale; 2° le *royaume d'Israël* ou *de Samarie* (les dix autres tribus), avec Samarie pour capitale.

Les quatre provinces, établies après la captivité de Babylone, étaient : 1° la *Galilée*, au N. ; 2° la *Samarie*, au centre; 3° la *Judée*, au S., avec le *pays des Philistins;* 4° la *Pérée*, à l'E.

1° GALILÉE.

50. Les V. P. de la GALILÉE, divisée en *Galilée Supérieure, Haute* ou *des Gentils* (tribus d'Azer et de Nephtali), et en *Galilée Inférieure* ou *Basse* (tribus de Zabulon et d'Issachar), étaient :

Iotapata, au N.-E. d'Acco (44), forteresse, patrie du prophète Jonas.

Capharnaüm, au N.-E., où J. C., entre autres miracles, ressuscita la fille de Jaïre.

Génésareth, puis *Tibériade* (Tabarieh), à l'O. du lac de ce nom, non loin des *bains d'Emmaüs.*

Nazareth (Nazara), au S.-O., ou demeurèrent S. Joseph, la Ste Vierge, et J. C. jusqu'à son baptême.

Cana, au N.-O., où J. C. fit son premier miracle, par le changement de l'eau en vin.

Béthulie, à l'E., célèbre par le siége où Judith trancha la tête d'Holopherne, général de Nabuchodonosor Ier (7e s. av. J. C.).

Endor, où Saül vint consulter la pythonisse.

Naïm, où J. C. ressuscita le fils unique d'une veuve.

2° SAMARIE.

51. Les V. P. de la SAMARIE (tribu d'Ephraïm et demi-tribu occidentale de Manassé) étaient :

Césarée, d'abord *Tour de Straton* (Césarée de Palestine), au S.-O. de Naïm, sur la mer, résidence des gouverneurs romains.

Samarie (Sébaste), au S.-E., C. du royaume d'Israël.

Sichem, puis *Néapolis* (Naplouse), au S.-E., C. du même royaume, après la destruction de Samarie par Salmanazar (621 av. J. C.).

Joppé (Jaffa), au S.-O., le seul port des Israélites sur la mer Intérieure.

3° JUDÉE.

52. Les V. P. de la JUDÉE (pays des Philistins, tribus de Dan, de Siméon, de Benjamin et de Juda) étaient :

1° Chez les PHILISTINS, divisés en 5 satrapies :

Accaron ou *Ekron*, au N., ou Beel-Zébud était spécialement honoré.

Gath ou *Geth*, à l'E., patrie du géant Goliath, tué par David.

Azoth ou *Ashdod*, à l'O., avec un temple de Dagon, où les Philistins déposèrent l'*Arche sainte*, tombée en leur pouvoir.

Ascalon, au S., patrie de Sémiramis (17e s. av. J. C.) et d'Hérode, célèbre par l'espèce d'ognon nommé *ascalonia*, mot latin dont on a fait *échalote*.

Gaza (Razza ou Gazza), au S., près de la mer, où Samson fit écrouler un temple sur 3,000 Philistins.

2° Dans la JUDÉE :

Jébus, premier nom de *Jérusalem* (Iéruschalaïm des Hébreux, Hiérosolyma des Grecs et des Romains), au centre, dans la tribu de Benjamin, C. d'abord de toute la Palestine, puis seulement du royaume de Juda ; c'est là qu'était le célèbre temple de Salomon. Détruite par Titus (70 de J. C.), elle fut rebâtie par Ælius Adrien, sous le nom d'*Ælia Capitolina*.

Jéricho (Rihah ou Rayh), au N.-E., la première ville prise par Josué.

Béthanie, au S.-O., bourg où J. C. ressuscita Lazare.

Bethléem ou *Ephrata* (Betlehm), au S., où naquirent David et Jésus-Christ.

Cariath-Arbé, puis *Hébron* (Cabr-Ibrahim, c.-à-d. tombeau d'Abraham), au S., non loin de la *vallée de Mambré*, où vécurent sous des tentes Abraham, Isaac et Jacob.

4° PÉRÉE.

53. Les V. P. de la PÉRÉE (demi-tribu orientale de Manassé, tribus de Ruben et de Gad, pays des Mohabites et des Ammonites, Idumée, Auranitide, Iturée, Trachonitide, etc.) étaient :

Rabbath-Moab, puis *Aréopolis*, c.-à-d. ville de Mars (Moab ou El-Rabat), au N.-E. d'Hébron, C. des Moabites.

Rabbath-Ammon, puis *Philadelphie* (Rabat-Ammon), au N., C. des Amalécites, qui rendaient un culte sanglant à Moloch, dieu du feu.

Bostra (Bosra), dans l'*Auranitide* (Belad-Hauran), au N.-E., métropole de la province *Arabia* sous Septime Sévère (2e s. de J. C.), et patrie de l'empereur Philippe l'Arabe.

3e RÉGION. — PÉNINSULE MÉRIDIONALE OU ARABIE.

54. Quelles étaient les bornes de l'Arabie? — 55. Quelles en étaient les divisions? — 56. D'où vient le nom de l'Arabie Pétrée, et quels en étaient les peuples principaux? — 57. Quels en étaient les déserts et les monts principaux? — 58. Quelles en étaient les villes principales? — 59. D'où vient le nom de l'Arabie Heureuse, et quel en était le principal peuple? — 60. Quelles étaient les principales villes de l'Arabie Heureuse? — 61. Quels étaient les principaux peuples de l'Arabie Déserte?

---

54. L'ARABIE (m. n.) avait pour bornes:
Au N., la Palestine ;
A l'O., l'isthme d'Égypte et le golfe Arabique ;
Au S., la mer Érythrée ;
A l'E., le golfe Persique et l'Euphrate.
55. Les Anciens divisaient l'Arabie en trois parties:
1° L'*Arabie Pétrée* (partie de l'Hedjaz), au N.;
2° L'*Arabie Heureuse* (l'Yémen), au S.;
3° L'*Arabie Déserte* (l'Oman), à l'E.

I. ARABIE PÉTRÉE.

56. L'ARABIE PÉTRÉE, ainsi nommée de *Pétra*, sa C., avait pour peuples principaux:

Les *Iduméens* ou *Édomites*, descendants d'Ésaü, nommé aussi *Édom ;*

Les *Amalécites*, issus d'*Amalec*, petit-fils d'Ésaü ;

Les *Ismaélites*, descendants d'*Ismaël*, fils d'Abraham et d'Agar ;

Les *Madianites*, issus de *Madian*, fils d'Abraham et de Céthura.

57. Entre les deux bras ou golfes de la mer Rouge, l'un à l'O., *Héroopolite* (Bahr-el-Soueis), et l'autre à l'E., *Ælanite* (Bar-el-Akaba), se trouvaient les déserts de *Sur*, de *Pharan* et de *Syn*, où les Israélites errèrent quarante ans, après leur sortie d'Égypte et deux montagnes célèbres:

L'*Horeb*, où Dieu, du sein d'un buisson ardent, ordonna à Moïse d'aller délivrer les Hébreux;

Le *Sinaï* ou *Sina* (Gebel-Tour ou Mousa), où le Seigneur lui donna le Décalogue.

58. Les V. P. de l'Arabie Pétrée étaient :

Pétra (ruines, près de Carac ou Karek), au S. de la mer Morte, C.

Asiongaber ou *Bérénice* (près d'Akaba, l'*Aila* ou l'*Élath* des anciens Orientaux), port sur le golfe Ælanite.

Madian, à l'E. du même golfe, C. des Madianites, et patrie de Jéthro, beau-père de Moïse.

II. ARABIE HEUREUSE.

59. L'Arabie Heureuse, ainsi nommée de ses productions, telles que l'encens, la myrrhe, le cinnamome ou cannelle, la poudre d'or, etc., avait pour peuple principal :

Les *Sabéens*, au S., fondateurs du *sabéisme* (adoration des astres).

60. Les V. P. de l'Arabie Heureuse étaient :

Iatrippa (Iatreb, près de Médinet-al-Nabi, Ville du Prophète ou Médine), au N., refuge de Mahomet après sa fuite de la Mecque, l'an 622 de J. C.

Maco raba (la Mecque), au S., fondée, dit-on, par Abraham. Mahomet y naquit en 570.

Musa (Moseh), au S., entrepôt du commerce des aromates, comme Moka l'est aujourd'hui du café, plante inconnue aux Anciens.

Saba (Sana ou Szanaa), au S. des Sabéens, et résidence de la reine de Saba qui vint visiter Salomon.

III. ARABIE DÉSERTE.

61. L'Arabie Déserte, qui s'étendait au N.-E. jusque dans la Mésopotamie, comprenait une foule de hordes errantes ou nomades, appelées *Arabes scénites*, c.-à-d. vivant sous des tentes.

Parmi ces tribus on distinguait :

Les *Sarracènes*, *Sarrasins* ou plutôt *Agarrasins*, issus

d'*Agar*, mère d'Ismaël, et qui, d'abord peu considérables, subjuguèrent ensuite tout le midi de l'Ancien Continent.

4e RÉGION. — ASIE ENTRE L'EUPHRATE ET L'INDUS.

62. Quelles étaient les bornes de l'Asie entre l'Euphrate et l'Indus? — 63. Quelles en étaient les divisions principales?

---

62. L'ASIE ENTRE L'EUPHRATE ET L'INDUS (partie de la Turquie d'Asie, Perse, Béloutchistan, Kaboul, Hérat, etc.) avait pour bornes:

Au N. l'Araxe (Aras), la mer Caspienne et l'Iaxarte (Sihoun);

A l'O., l'Arabie Déserte et l'Euphrate;

Au S., l'océan Indien et le golfe Persique;

A l'E., l'Indus (Sind).

63. L'Asie entre l'Euphrate et l'Indus se divisait en 16 provinces principales:

5 à l'O. et au N.-O., la *Babylonie*, la *Mésopotamie*, l'*Arménie*, l'*Assyrie* et la *Médie;*

6 au S.: la *Susiane*, la *Perside* ou *Perse propre*, la *Carmanie*, la *Gédrosie*, l'*Arachosie* et la *Drangiane;*

2 au centre : l'*Arie* et le *Paropamise;*

4 au N. et au N.-E.: la *Bactriane*, la *Sogdiane*, la *Margiane* et l'*Hyrcanie* avec la *Parthiène*.

ART. 1er. *Provinces du Nord et du Nord-Ouest* (Babylonie, Mésopotamie, Arménie, Assyrie et Médie).

64. Quelles étaient les bornes de la Babylonie? — 65. Quels en étaient les principaux fleuves? — 66. Comment se divisait la Babylonie? — 67. Quelles étaient les villes principales de la Babylonie? — 68. Quels étaient les bornes et les principaux fleuves de la Mésopotamie? — 69. Quelles en étaient les principales productions? — 70. Quelles étaient les villes principales de la Mésopotamie? — 71. Quelles étaient

les bornes de l'Arménie? — 72. Quels en étaient les principales montagnes et les principaux fleuves? — 73. Quelles en étaient les principales productions? — 74. Quelles étaient les villes principales de l'Arménie? — 75. Quelles étaient les bornes de l'Assyrie? — 76. Quelles en étaient les villes principales? — 77. Quelles étaient les bornes de la Médie? — 78. Comment se divisait la Médie? — 79. Quelles en étaient les montagnes et les rivières principales? — 80. Quelles étaient les villes principales de la Médie?

I. BABYLONIE.

64. La Babylonie (Irak-Arabi, Turquie d'Asie) avait pour bornes:

Au N., la Mésopotamie et l'Assyrie;
A l'O., l'Arabie Déserte;
Au S., le golfe Persique;
A l'E., la Susiane.

65. Les principaux fleuves de la Babylonie étaient:

Le *Tigre* (m. n.) et l'*Euphrate* (m. n., ou Frat), qui jadis avaient deux embouchures différentes, mais qui maintenant se réunissent à 177 kilomètres (40 lieues) de la mer, sous le nom de *Chatt-el-Arab*, c.-à-d. Fleuve des Arabes.

66. La Babylonie se divisait en 2 parties: 1° la *Babylonie proprement dite ;* 2° la *Chaldée.*

67. Les V. P. de la Babylonie étaient:

1° Dans la Babylonie proprement dite :

Babylone (Babil, ruines près d'Hella), fondée par Nemrod, sur l'Euphrate, au pied de la *Tour de Babel* (Birs-Nembrod). Elle était surnommée la *Reine de l'Orient,* à cause de sa magnificence et de son étendue.

Séleucie (détruite), bâtie sur la rive droite du Tigre par *Séleucus* Nicator (4e s. av. J. C.).

Ctésiphon (détruite), fondée par les Parthes sur la rive gauche du Tigre. De ces deux dernières villes qui se maintinrent jusqu'au 7e s. de J. C., sous le nom commun d'*Al-Madaïn* ou les Deux Villes, on a bâti *Baghdad,* célèbre dans tout l'Orient.

2° Dans la CHALDÉE, dont les habitants, favorisés par la vaste plaine de *Sennaar* ou *Scinhar*, firent de grands progrès dans l'astronomie :

Térédon ou *Téridotis* (ruines de Bassorah ou Basra), sur le golfe Persique.

II. MÉSOPOTAMIE.

68. La MÉSOPOTAMIE (Al-Djézyreh, c.-à-d. Ile ou Presqu'île), dont le nom signifie sise au milieu des fleuves, était comprise entre l'*Euphrate* et le *Tigre*. Outre ces deux fleuves, elle était arrosée par le *Chaboras* (Chabour).

69. La Mésopotamie produisait l'amome, arbuste dont le bois est odoriférant, et nourrissait des lions. On y trouvait le naphte, bitume très-inflammable qui servait de ciment.

70. Les V. P. de la Mésopotamie étaient :

Cunaxa (détruite), au N. de Ctésiphon, sur l'Euphrate, où Cyrus le Jeune perdit la bataille et la vie contre Artaxerxès Mnémon, son frère (401 av. J. C.). Les *Dix mille* Grecs de son armée furent ramenés par Xénophon, historien de cette retraite.

Harran, puis *Carrhes* (Haran) au N.-O., célèbre par le séjour d'Abraham (2231 av. J. C.), et par la défaite de Crassus que tuèrent les Parthes (53 av. J. C.).

Ur, fondée par Nemrod, puis *Callirhoé*, puis, sous Séleucus Nicator, *Edesse* (Orfa), au S., patrie d'Abraham.

Nisibis, puis *Antioche de Mygdonie* (Nissibin), au S., près des sources du Mygdonius.

III. ARMÉNIE.

71. L'ARMÉNIE (m. n., Russie d'Asie) avait pour bornes:

Au N., l'Asie Caucasienne ;

A l'O., l'Euphrate, qui la séparait de l'Arménie mineure (24);

Au S., la Mésopotamie;

A l'E., la Médie.

72. Les principales montagnes de l'Arménie étaient :

Les monts *Moschiques* (Bing-Gheul, c.-à-d. des Mille-Fontaines), d'où sortait l'Euphrate ;

Le mont *Ararat* (Macis ou Agri-Tagh, le Koh-Nuh, ou mont de Noé des Perses, où s'arrêta l'Arche de Noé ;

Les monts *Niphates* (Nimrod et Barema), d'où s'élançaient le Tigre au S. et l'Araxe au N.

73. Les montagnes de ce pays en rendaient la température très-froide et le sol peu fertile. C'est cependant de l'Arménie que nous vient l'abricotier.

74. Les V. P. de l'Arménie étaient :

Naxuana (Nakhchivan), au N. de Nisibis, dans la vallée de l'Araxe, la première ville bâtie après le déluge.

Artaxate (Ardek), près de l'Araxe, 1re C. de l'Arménie.

Tigranocerte ou Ville de Tigrane (Sert), sur le Tigre, 2e C., détruite par Lucullus (69 av. J. C.), quelques années après que Tigrane le Grand l'eut reconstruite.

Théodosiopolis (Ars-Roum ou Erze-Roum, fondée au 5e s. de J. C., et peuplée au 11e par les habitants fugitifs d'*Arzen*, ville voisine; de là le nom moderne.

IV. ASSYRIE.

75. L'Assyrie (Kurdistan, Turquie d'Asie), province du vaste empire de ce nom, avait pour bornes :

Au N., l'Arménie ;

A l'E., la Médie;

Au S., la Babylonie;

A l'O., la Mésopotamie.

76. Les V. P. de l'Assyrie étaient :

Ninive (ruines à Khorsabad), sur le Tigre, C. de l'empire assyrien, bâtie par Assur, fils de Sem, agrandie par Ninus, et détruite de fond en comble par Nabopolassar, roi de Babylone, l'an 625 avant J. C. Jonas y prêcha la pénitence.

Arbèles (Erbil), au S.-E., célèbre par une victoire d'Alexandre sur Darius, victoire qui mit fin à l'empire des Perses (331 av. J. C.)

V. MÉDIE.

77. La Médie (Adzerbaïdjan, Perse) avait pour bornes:

Au N., l'Albanie et la mer Caspienne;

A l'E., l'Hyrcanie et la Parthie;

Au S., la Perse et la Susiane;

A l'O., l'Assyrie et l'Arménie.

78. La Médie se divisait en 2 parties: 1° la *Grande Médie;* 2° l'*Atropatène.*

79. Les montagnes principales de la Médie, patrie du citronnier, étaient:

Les monts *Zagros* (Aiagha-Thag);

L'*Oronte* (Elwend), d'où sortaient le *Gyndès* et le *Choaspes*, aux eaux si pures que les rois de Perse n'en buvaient point d'autre.

80. Les V. P. de la Médie étaient:

1° Dans la Grande Médie, au S.:

Ecbatane (près d'Hamadan), C., fondée par Déjocès (8e s.), non loin de l'Oronte.

Ecbatane des Mages (Guerden), à l'E., bâtie par Darius pour les mages adorateurs du feu. On y voit encore un pyrée de Guèbres, près d'*Elbours*, montagne volcanique.

2° Dans l'Atropatène, au N.:

Gaza ou *Gazaca* (Tebriz ou Tauriz).

Thébarmai (Ormiah), patrie de Zoroastre, législateur des Perses et chef des mages.

Art. 2. *Provinces du Sud* (Susiane, Perside, Carmanie, Gédrosie, Arachosie et Drangiane).

81. Quelles étaient les bornes de la Susiane? — 82. Quels en étaient les principaux fleuves? — 83. Quelles étaient les villes principales de la Susiane? — 84. Quelles étaient les bornes de la Perside? — 85. Quels en étaient les principaux fleuves? — 86. Quelles en étaient les principales productions? — 87. Quelles étaient les villes principales de la Perside? — 88. Quelles étaient les bornes de la Carmanie?

— 89. Quelles en étaient les principales rivières? — 90. Quelles en étaient les principales productions? — 91. Quelles étaient les villes et les îles principales de la Carmanie? — 92. Quelle était la position de la Gédrosie, et quelles en étaient les rivières principales? — 93. Quelles étaient les villes principales de la Gédrosie? — 94. Quelles étaient la position, la rivière et la capitale de l'Arachosie? — 95. Quelles étaient la position, la rivière et la capitale de la Drangiane?

I. SUSIANE.

81. La Susiane (Khouzistan, Perse), patrie du lis (en hébreu, *Suza*), avait pour bornes :

Au N., la Médie;
A l'E., la Perse;
Au S., le golfe Persique;
A l'O., la Babylonie.

82. Les principaux fleuves de la Susiane étaient :

Le *Pasitigris* (Bahr-el-Karoun) et l'*Arosis* (Ab-Chirin), qui se jetaient dans le golfe Persique.

83. Les V. P. de la Susiane étaient :

Suse (près de Chouster), au S.-O. d'Ecbatane, C., où arriva l'histoire d'Esther, et où Daniel eut ses visions prophétiques sur les quatre grandes monarchies des Babyloniens, des Perses, des Grecs et des Romains.

Elymaïs (Chouch), au S., avec un riche temple de Bélus ou de Diane.

II. PERSIDE OU PERSE PROPRE.

84. La Perside ou Perse propre (Fars ou Farsistan, Perse), province et berceau du vaste empire des Perses fondé par Cyrus, avait pour bornes :

Au N., la Médie;
A l'O., la Susiane;
Au S., le golfe Persique;
A l'E., la Carmanie.

85. Les principaux fleuves de la Perside étaient :

Le *Cyrus* (Naban) et l'*Araxe* (Bend-Emir).

86. La Perside nourrissait beaucoup de bétail, surtout des chameaux. C'est la patrie de la pêche (*malum Persicum*, c.-à-d. fruit persique).

87. Les V. P. de la Perside étaient :

Persépolis ou *Istakhar* (près de Chiraz, avec des ruines nommées *Tchihl-Minar* ou *Quarante-Colonnes*), à l'E. d'Elymaïs, sur l'Araxe, la 1re des 4 C. de l'empire persan. Les 3 autres étaient : Suse, Ecbatane et Babylone.

Pasargada ou *Parsagada*, c.-à-d. Camp des Perses (Pasa ou Fesa-Kuri, tombeau de Cyrus), au S.-E., lieu du couronnement des rois.

Aspadana (Ispahan ou Isfahan), au N.-O., sur le Gyndès.

III. CARMANIE.

88. La Carmanie (Kerman et Laristan, Perse) avait pour bornes :

Au N., la Parthie;

A l'O., la Perside;

Au S., la mer Érythrée et le golfe Persique;

A l'E., la Gédrosie.

89. Les principales rivières de la Carmanie étaient :

L'*Archidana* (Bond-Chiour) et l'*Anamis* (Mina, qui, sortis des monts *Bagoüs* (Burh-Kourd), se jetaient dans le golfe Persique.

90. La Carmanie produisait des vignes dont les grappes avaient deux coudées (1 mètre). Le nord de cette province n'était qu'un vaste désert qui fut fatal aux troupes de Sémiramis, de Cyrus, d'Alexandre, etc. Au sud, le long de la mer Érythrée, se trouvaient les *Ichthyophages*, peuple qui ne se nourrissait que de poissons.

91. Les V. P. de la Carmanie étaient :

Carmana (Kerman ou Sirdjan), au S.-E. d'Aspadana, C.

Armusia ou *Harmozia* (Goumroun ou Bender-Abbassi), au S., ville commerçante sur le golfe Persique.

Les principales îles de la Carmanie dans le golfe Persique étaient :

Oaracta ou *Vorochtha* (Vroct ou Kichm), célèbre par le

tombeau d'Érythras, qui donna son nom à la mer Érythrée.

Ogyris (Hormouz ou Ormuz), où se retirèrent les hab. d'Harmozia, lors de l'invasion des Moghols (13e s. de J. C.); ce qui valut le nom mod. d'Ormuz au golfe Carmanique.

IV. GÉDROSIE.

92. La Gédrosie (partie du Béloutchistan), à l'E. de la Carmanie, le long de la mer Érythrée, était arrosée par le *Zorambus* (Zarein) et l'*Arabis* (Araba ou Il-Mend).

93. Les V. P. de la Gédrosie étaient :

Pura ou *Para* (Pouhra), au N.-E. d'Harmozia, C., vers les frontières de la Carmanie.

Canasida ou *Tisa* (Tiz), au S.-O., près de la mer.

V. ARACHOSIE.

94. L'Arachosie (Arrokhage, Kaboul), située au N.-E. de la Gédrosie, et arrosée par l'*Arachotus* (Karé), affluent de l'*Etymander* (Helwend), avait pour C. :

Arachotus (Rokage), au N.-E. de Tisa, sur la rivière de ce nom.

VI. DRANGIANE.

95. La Drangiane (Sistan, Kaboul), située à l'O. de l'Arachosie et arrosée par l'*Etymander*, qui se jetait dans le lac *Arien* (Zerreh), avait pour C. :

Prophthasia (Zarang), au N.-O. d'Arachotus, sur l'Etymander.

Art. 3. *Provinces du centre* (Arie et Paropamise).

96. Quelles étaient la position, la rivière et les villes principales de l'Arie? — 97. Quelles étaient la position, les montagnes et la capitale du Paropamise?

I. ARIE.

97. L'Arie (royaume de Hérat ou Khorassan oriental), si-

tuée au N. de la Drangiane et arrosée par l'*Arius* (Farrah-Roud), qui se jetait dans le lac Arien (95), avait pour V. P. :

Aria ou *Artacoana* (Fuchendi), au N. de Prophthasia, C.
Alexandria (Hérat), au S.-E., bâtie par Alexandre.

II. PAROPAMISE.

98. Le PAROPAMISE (Kandahar, Kaboul), situé à l'E. de l'Arie et traversé par la chaîne du Paropamise, le *Caucase Indien* des Grecs (Madnofriad, Khoraçan, Hindoukouch), avait pour C. :

Alexandrie du Caucase (Kandahar), au S.-E. d'Alexandria, bâtie par Alexandre sur l'Etymander.

ART. 4. *Provinces du Nord-Est et du Nord* (Bactriane, Sogdiane, Margiane et Hyrcanie avec Parthiène).

99. Quelles étaient les bornes de la Bactriane? — 100. Quelles étaient les villes principales de la Bactriane? — 101. Quelles étaient les bornes et la rivière principale de la Sogdiane? — 102. Quelles en étaient les principales productions? — 103. Quelles étaient les villes principales de la Sogdiane? — 104. Quels étaient la position, le fleuve, les productions et la ville principale de la Margiane? — 105. Quelles étaient les bornes de l'Hyrcanie? — 106. Comment se divisait l'Hyrcanie? — 107. Quelles en étaient les principales productions? — 108. Quelles étaient les villes principales de l'Hyrcanie?

I. BACTRIANE.

99. La BACTRIANE (khanats de Balkh, de Thalikhan, etc., Turkestan), faible partie de l'ancien empire de ce nom, avait pour bornes :

Au N., l'Oxus (Amou-Daria ou Djihoun), qui se rendait autrefois à la mer Caspienne, et qui maintenant se jette dans le lac *Oxien* ou *Chorasmien* (Aral ou Ogour);

A l'O., l'Hyrcanie;

Au S., la chaîne du Paropamise;
A l'E., les monts Imaüs (Belour).

100. Les V. P. de la Bactriane étaient :

Bactres ou *Zariaspe* (Balkh), au N. d'Alexandrie du Caucase, C. et centre d'un immense commerce entre l'Orient et l'Occident.

Aornos (Thalikhan), à l'E., ville forte sur une montagne.

I. SOGDIANE.

101. La Sogdiane (khanats de Boukhara, de Khokand, etc., Turkestan) était comprise entre l'Oxus (99) et l'*Iaxarte* (Sir-Daria ou Sihoun), et arrosée par le *Polytimétus* (Sogd), affluent de l'Amou-Daria.

102. La Sogdiane est la patrie de la tulipe. L'herbe des prés y croissait à la hauteur d'un homme.

103. Les V. P. de la Sogdiane étaient :

Maracande (Samarkand), au N.-O. d'Aornos, sur le Polytimétus, C. de la Sogdiane et de l'empire moghol que fonda Tamerlan (14e s. de J. C.).

Corès-Carta, c.-à-d. ville de Cyrus, d'où les Grecs ont fait *Cyreschata*, c.-à-d. ville la plus reculée de son empire, au N.-E., sur la rive gauche de l'Iaxarte. Elle fut prise et détruite par Alexandre, qui bâtit dans le voisinage :

Alexandrie Dernière ou *Alexandreschata* (Khodjend), en face de laquelle on montrait, de l'autre côté de l'Iaxarte, des autels construits par Bacchus, Hercule, Sémiramis, Cyrus et Alexandre ; usage des conquérants anciens, qui marquaient ainsi le terme de leurs conquêtes.

III. MARGIANE.

104. La Margiane, située au S.-O. de la Sogdiane, entre l'Oxus au N. et l'*Ochus* (Tedjen) au S., était arrosée par le *Margus* (Mourghâb ou Marghâb), qui se perdait dans un lac. On y voyait des vignes, avec des grappes de raisin d deux coudées (1 mètre), et des ceps que deux hommes pouvaient embrasser.

La V. P. de la Margiane était :

Antioche du Margus ou *Marginia* (Mawr-Shahi-Gian), au S.-O. de Cyreschata, fondée par Alexandre et agrandie par *Antiochus* Soter, roi de Syrie.

IV. HYRCANIE ET PARTHIÈNE.

105. L'Hyrcanie (khanat de Khokand, Turkestan; partie du Khorassan oriental, Hérat; partie du Khorassan occidental et le Mazandéran, Perse) était comprise entre la Bactriane, la Sogdiane, l'Oxus, la mer Caspienne, la Médie, la Carmanie Déserte et l'Arie.

106. L'Hyrcanie se divisait en trois provinces : 1° la *Parthiène* ou *Parthie;* 2° l'*Astabène;* 3° l'*Hyrcanie propre.*

107. L'Hyrcanie propre abondait en bois, en tigres, en panthères et en serpents.

108. Les V. P. de l'Hyrcanie étaient :

1° Dans la Parthiène, où s'établirent d'abord les Parthes ou Bannis, chassés de la Scythie :

Nisæa ou *Parthaunisa* (Nesa), au S.-O. de Marginia, sur l'Oxus, sépulture des rois parthes.

2° Dans l'Astabène :

Asaac (Ashor), à l'E. de la mer Caspienne, 1re C., de l'empire parthique fondé par Arsace, l'an 255 av. J. C., et qui s'étendit par la suite jusqu'au golfe Arabique.

3° Dans l'Hyrcanie propre :

Zadra-Carta (Sari), près du *Ziobéris* (Choure-Roud) et de la mer Caspienne.

5e RÉGION. — ASIE CAUCASIENNE (ALBANIE, IBÉRIE, COLCHIDE ET SARMATIE ASIATIQUE).

109. Quelles étaient les bornes de l'Asie Caucasienne? — 110. Quelles en étaient les divisions principales? — 111. Quelles étaient la position, la principale rivière et la capitale de l'Albanie? — 112. Quelles étaient la position, les rivières et les villes principales de l'Ibérie? — 113. Quelles étaient la position et les rivières principales de la Colchide? — 114. Par quoi la Colchide était-elle surtout célèbre? — 115. Quelles étaient les villes principales de la Colchide? — 116. Quels

étaient les bornes et les principaux fleuves de la Sarmatie asiatique? — 117. Quels en étaient les peuples principaux?

---

109. L'Asie caucasienne avait pour bornes :

Au N., le Tanaïs et le Rha ou Lycus;

A l'E., la mer Caspienne;

Au S., les montagnes qui séparent le bassin du Cyrus (Kour) de celui de l'Araxe;

A l'O., le Pont-Euxin.

110. L'Asie caucasienne se divisait en 4 contrées principales :

1° L'*Albanie*, à l'E.;

2° L'*Ibérie*, au centre;

3° La *Colchide*, au S. et à l'O.;

4° La *Sarmatie asiatique*, au N.

I. ALBANIE.

111. L'Albanie (Daghestan et Chirvan, Russie d'Asie), située à l'O. de la mer Caspienne, et arrosée par les affluents du Cyrus, avait pour C. :

Cabalaca (Kablas-Var), au N.-O. de Zadra-Carta, sur la mer Caspienne.

II. IBÉRIE.

112. L'Ibérie (Géorgie, Russie d'Asie), située au centre de l'isthme du Caucase, et arrosée par le *Cyrus* et l'*Alazon* (Alazan), avait pour V. P. :

Harmozica (Akhal-Tsikhe), place forte sur le Cyrus.

Zalissa (Tiflis), sur le même fleuve.

III. COLCHIDE.

113. La Colchide (Iméréthi, Mingrélie, Ghouria, Russie

d'Asie), le long du Pont-Euxin, à l'O., avait pour rivières principales :

Le *Phasis* ou *Phase* (Rion), où abondaient les faisans.

L'*Acampsis* ou *Bathys* (Bathoumi ou Tchorokki), qui séparait l'Asie caucasienne de l'Asie mineure.

114. La Colchide était célèbre par l'expédition des Argonautes, qui, sous le nom de la *Toison d'or*, allaient sans doute y chercher les richesses de l'Inde, transportées par l'Oxus, la mer Caspienne, le Cyrus et le Phase au Pont-Euxin.

115. Les V. P. de la Colchide étaient :

Œa (détruite), sur le Phase, résidence d'Œtès, roi de Colchide et père de la magicienne Médée, qu'aima Jason, chef des Argonautes. La Toison d'or était à Œa.

Dioscurias (Iskouriah), au N., ville très-commerçante où l'on voyait et l'on voit encore des marchands de 300 langues différentes.

IV. SARMATIE ASIATIQUE.

116. La SARMATIE ASIATIQUE (Circassie et province du Caucase, Russie d'Europe) s'étendait au N. du Pont-Euxin et du Caucase, depuis le Tanaïs et le Palus-Méotide jusqu'à la mer Caspienne et la Scythie à l'E. Au N., les limites en étaient inconnues aux Anciens. Ce pays était arrosé par :

Le *Tanaïs* (Don), l'*Hypanis* ou *Vardanus* (Kouban), tributaires du Pont-Euxin, et par le *Rha* (Volga), qui se jetait dans la mer Caspienne.

117. Les peuples les plus connus de la Sarmatie asiatique étaient :

Les *Alains*, qui joints aux *Huns*, peuple kalmouk, ravagèrent presque toute l'Europe aux 4ᵉ et 5ᵉ s. de J. C.

A l'O., près du Palus-Méotide et du *Bosphore Cimmérien* (détroit de Caffa ou d'Iénikalé), se trouvait le petit ROYAUME GREC DU BOSPHORE.

6ᵉ RÉGION. — ASIE SEPTENTRIONALE OU SCYTHIE.

118. Quelles étaient la position et la division de la Scythie?

— **119.** Quel en était le fleuve principal? — **120.** Quels étaient les peuples principaux de la Scythie Première? — **121.** Quels étaient les pays principaux de la Scythie Seconde? — **122.** Quelles étaient la nation et la ville principale de la Sérique?

---

118. Sous le nom de Scythie, les Anciens comprenaient tous les pays situés au N. de l'Asie, et les divisaient en 3 contrées :

1° La *Scythie Première* ou *en deçà du mont Imaüs;*
2° La *Scythie Seconde* ou *au delà du mont Imaüs;*
3° La *Sérique.*

119. Le fleuve principal de la Scythie était :

L'*Iaxarte* (Sir-Daria ou Sihoun), appelé *Silis* par les Scythes et *Tanaïs* par les Grecs.

120. Les peuples principaux de la Scythie Première (Tartarie Indépendante) étaient :

Les Massagètes ou Grands Gètes, à l'E. de la mer Caspienne ; ils tuaient, dit-on, les vieillards décrépits, dont ils mangeaient la chair.

Les Saces, au S.-O., et les Agrippéens au N.-E.

121. Les pays principaux de la Scythie Seconde (Grand Tibet et Kalmoukie, Chine) étaient :

La Casie, dont le nom est resté à *Casghar* ou *Kahghar* (Petite Boukharie, Chine).

L'Aukasitide, au N., l'*Ak-Sou* des modernes (même pays).

122. La Sérique (partie de la Petite Boukharie ou Tian-Chan-nan-lou) avait pour nation et pour V. P. :

Les Issédons, que d'autres placent dans la Scythie Première.

Séra (Seri-nagar), d'où les marchands grecs rapportaient la matière appelée *sérique* (serica materies), poil de chèvre dont on fait maintenant le cachemire; le *sericum*, au contraire, était une étoffe de soie.

7° RÉGION. — ASIE INDIENNE ET TRANSGANGÉTIQUE.

123. Quelles étaient les bornes de l'Inde? — **124.** Quels en étaient les fleuves principaux? — 125. Quelles étaient les principales divisions de l'Inde? — 126. Quelles en étaient les productions principales? — 127. Quelles étaient les nations ou les villes principales de l'Inde en deçà de l'Indus? — 128. Quelles étaient les villes principales de l'Inde entre l'Indus et le Gange? — 129. Quelle en était l'île principale? — 130. Quelles étaient les villes principales de l'Inde au delà du Gange? — 131. Quelle était la ville principale du pays des Sines?

---

123. L'INDE, fort peu connue des Anciens avant l'expédition d'Alexandre (4e s. av. J. C.), quoique, selon la Fable, Bacchus et Hercule en eussent fait la conquête, avait pour bornes :

Au N., les monts Émodes (Himâlaya) ;

A l'O.. quelques peuplades scythiques, l'Arachosie et la Gédrosie;

Au S., l'océan Indien ;

A l'E., le pays des Sines, qu'ils ne connaissaient que de nom.

124. Les fleuves principaux de l'Inde étaient :

L'*Indus* ou *Sindus* (Sind), qui donnait son nom à l'Inde, et qui recevait beaucoup de rivières, entre autres l'*Hydaspes* (Behat ou Djhelam) et l'*Hyphase* (Bedjah et Gharra).

Le *Gange* (m. n.), qui recevait entre autres le *Dyardane* ou *Daona* (Brahmapoutra), dernier fleuve connu des Anciens.

125. L'Asie indienne et transgangétique se divisait en 4 régions principales :

1° L'*Inde en deçà de l'Indus* ou 1re ;

2° L'*Inde entre l'Indus et le Gange* ou 2e ;

3° L'*Inde au delà du Gange* ou 3e, comprenant le *Pays de l'argent* et la *Chersonèse d'or ;*

4° Le *pays des Sines.*

126. L'Inde, pays le plus beau, le plus riche et le plus fertile du monde, abondait en riz, en cannes à sucre, en diamants, en perles, en métaux précieux. La soie, le co-

ton, l'ivoire, étaient l'objet d'un grand commerce. On y trouvait beaucoup d'éléphants.

127. L'Inde en deçà de l'Indus (partie du Kaboul et du Béloutchistan) avait pour nations et pour V. P. :

Les Assacènes, au S.-E., avec *Massaga* (Ashnagar) pour C.

Les Astacènes, au S., avec *Aornos* pour forteresse, au haut d'une roche.

Nisa ou *Dionysiopolis*, c.-à-d. Ville de Bacchus (Noughz ou Deva-Niaoucha-Nagar, c.-à-d. Ville du divin Bacchus), sur le *Cophes* (Cow), célèbre par le culte qu'on y rendait à ce dieu.

Patala (Bramin-Abad), dans la Patalène (principauté du Sindhy), île formée par les embouchures de l'Indus.

128. L'Inde entre l'Indus et le Gange (partie occidentale du Kaboul et Hindoustan) avait pour V. P. :

Caspira (Kachmir, Cachemire), au N., dans une vallée délicieuse.

Taxile (Attok), où les Macédoniens passèrent l'Indus.

Bucephala, fondée par Alexandre en l'honneur de son cheval Bucéphale.

Lahora (Lahor), C. du royaume de Porus.

Serinda (Sir-Hind), d'où les vers à soie furent apportés par deux moines à l'empereur Justinien (6e s. de J. C.).

Barygaza (Barotch ou Broach), ville très-commerçante, au S. de laquelle s'étendait le *Dachinabades* ou *Dechanabades* (Decan), pays ainsi nommé du mot indien *Dachan*, midi, joint à *abad*, terminaison commune à beaucoup de provinces et de villes.

129. L'île principale de l'Inde entre l'Indus et le Gange était :

Trapobane ou *Salice* (Selew-Dive ou Ceylan), au S.-E. du cap *Comaria* (cap Comorin), découverte par les Grecs peu après l'expédition d'Alexandre. Les Romains ne la connurent que sous Claude (1er s. de J. C.), par les ambassadeurs de l'île. Selon eux, elle était immense et peuplée de géants.

130. L'Inde au delà du Gange (partie du Tibet, presqu'île

au delà du Gange) était fort peu connue des Anciens. On y remarquait :

Berabæ (Barabon), ville des *Besyngites*, peuple anthropophage.

La *Chersonèse d'or* (presqu'île de Malacca), entre le golfe du Gange à l'O. et le Grand Golfe.

131. Les Anciens ne connaissaient que de nom le PAYS DES SINES; ils en tiraient le *sericum* (122). Les Sines s'appelèrent ainsi des *Tsin* ou *Chinois*, qui de la Sérique vinrent s'établir chez ce peuple (3e s. av. J. C.). Les V. P. étaient :

Thine (Tana-Serim), sur le *Serus* (fleuve du Pégu), C.

Catigara (Merghi), port de Thine.

IIIe SECTION. — **AFRIQUE.**

BORNES ET DIVISIONS GÉNÉRALES DE L'AFRIQUE.

132. Qu'est-ce que les Anciens entendaient par Afrique? — 133. Quelles étaient les bornes de l'Afrique? — 134. Quelles étaient les divisions générales de l'Afrique?

---

132. Les Anciens n'étendaient pas le nom d'AFRIQUE à tout ce qu'ils connaissaient de cette partie du monde; le nom générique était *Libye;* celui d'Afrique se donnait proprement au pays de Carthage (176).

133. L'Afrique avait pour bornes :

Au N., la mer Intérieure et le détroit de Gadès ou d'Hercule;

A l'E., l'océan Indien, le golfe Arabique et l'isthme d'Égypte;

Au S., sur la côte occidentale, le cap *Hesperi Cornu* (Noun) ; sur la côte orientale, le cap *Prasum* (Brava), et le *Fezzan;*

A l'O., l'océan Atlantique.

134. L'Afrique ancienne se divisait en 3 régions, subdivisées en 8 contrées principales, savoir :

RÉGIONS	CONTRÉES
Afrique orientale ou Région du Nil.	Égypte. Éthiopie orientale.
Afrique centrale.	Éthiopie intérieure et occidentale. Libye intérieure.
Afrique septentrionale	Maurétanie. Numidie. Afrique propre. Libye maritime.

RÉGION. AFRIQUE ORIENTALE OU RÉGION DU NIL
(Égypte et Éthiopie orientale).

135. Quelles étaient les bornes de l'Afrique orientale? — 136. Quel en était le fleuve principal? — 137. Quelles étaient les divisions de l'Afrique orientale?

---

135. L'Afrique orientale avait pour bornes :

Au N., la mer Intérieure;

A l'O., le désert de Libye et le golfe Plinthinètes (golfe des Arabes) ;

Au S., les monts de la Lune;

A l'E., l'isthme d'Égypte et le golfe Arabique.

136. Le principal fleuve de cette région était :

Le Nil (m. n.), qui sortait des monts de la Lune, sous le nom de *Nil proprement dit* (Bahr-el-Abiad ou Fleuve-Blanc), recevait à sa droite l'*Astapus* (Bahr-el-Azrek ou Fleuve-Bleu) et l'*Astaboras* (Tacazzé ou Atbarah), avec lesquels il formait l'*île de Méroé* (Chendy, dans la Nubie), et entrait en Égypte par les cataractes de Syène.

137. L'Afrique orientale se divisait en deux contrées principales :

1° L'*Égypte*, au N. ;

2° L'*Éthiopie orientale*, au S.

Art. 1er. *Égypte*.

138. Quels étaient les bornes et le fleuve de l'Égypte? — 139. Quelles en étaient les divisions? — 140. Quels en étaient les noms? — 141. Quelles en étaient les principales productions? — 142. Qu'est-ce que les Égyptiens faisaient de leurs morts? — 143. Quelles étaient les villes principales de la Haute Égypte? — 144. Quelles étaient les villes principales de la Moyenne Égypte? — 145. Où se trouvaient les trois grandes pyramides? — 146. Où se trouvaient la grande et la

petite Oasis? — 147. Quelles étaient les villes principales de la Basse Égypte?

---

138. L'Égypte commençait aux cataractes de Syène. De là le Nil coulait dans une vallée longue de 888 kilomètres, large de 17 à 26 k., et, se partageant en 7 branches, se jetait dans la mer Intérieure par 7 embouchures. L'espace compris entre les deux branches les plus éloignées s'appelait *Delta*, de sa ressemblance irrégulière avec la lettre grecque Δ (d).

139. L'Egypte se divisait en trois provinces :

1° La *Haute Égypte* ou *Thébaïde* (Saïd), au S.;

2° La *Moyenne Égypte* ou *Heptanomide* (Ouestanieh, c.-à-d. intermédiaire), au centre;

3° La *Basse Egypte* ou *Delta* (Barahi, c.-à-d. Pays du rivage), au N.

140. L'Égypte, appelée dans l'Écriture *Misraïm*, a conservé ces deux noms, puisque les Arabes la nomment *Missir* ou *Masr*, et les Coptes, *Kypt*, abréviation du mot Égypte.

141. C'est aux inondations annuelles du Nil que l'Égypte doit toute sa fertilité. Le blé qu'elle produisait la rendit, pendant près de sept siècles, le *grenier* de Rome et de Constantinople. On y trouvait en outre le *papyrus*, dont les feuilles fournirent le premier papier, le lotus, des oignons exquis, etc. L'Égypte est la patrie des lentilles.

Parmi les animaux, on distinguait le crocodile, l'hippopotame, l'ichneumon, espèce de rat, les serpents ailés, l'ibis, sorte de cicogne, les sauterelles, etc.

142. Les Égyptiens n'enterraient ni ne brûlaient les morts; ils les embaumaient et les conservaient, dans des niches ou des catacombes, sous le nom de *momies*. Les puits de momies s'appelaient *hypogées*.

I. HAUTE ÉGYPTE OU THÉBAÏDE

143. La Haute Égypte ou Thébaïde, ainsi nommée de Thèbes, sa capitale, avait pour V. P. :

Syène (Assouan), située presque sous le tropique du Cancer ; il s'y trouvait un puits au fond duquel l'image du soleil se peignait tout entière au solstice d'été (21 juin).

Thèbes ou *Diospolis magna*, c.-à-d. la Grande Ville de Jupiter (ruines au milieu desquelles s'élèvent plusieurs villages, Lougsor ou Luxor, Karnak, etc.), au N., C. de l'Égypte, fondée par Osiris et surnommé *Hécatonpyle* ou Ville aux Cent Portes. On y voyait le tombeau d'Osymandias, une bibliothèque, le colosse de Memnon, les tombeaux des rois taillés dans le roc, la Nécropole (Ville des Morts ou Tombeaux des Grands) et de vastes hypogées.

Copt (Keft ou Qoft), au N.-E., d'où les *Coptes* ont pris leur nom.

Tentyris (Dendérah), au N.-O., célèbre par ses zodiaques, dont l'un se trouve à Paris.

Chemmis ou *Panopolis* (Akhmym), au N.-O., patrie de Danaüs, qui conduisit une colonie à Argos, en Grèce (16e s. av. J. C.).

Lycopolis (Syout ou Assyout), au N.-O. ; — au S.-E. de cette ville se trouvaient des grottes et des déserts habités, dans les premiers siècles de l'Église, par les célèbres solitaires de la Thébaïde.

II. MOYENNE ÉGYPTE OU HEPTANOMIDE.

144. La Moyenne Égypte ou Heptanomide, ainsi nommée des sept *nomes* ou gouvernements qu'elle renfermait, avait pour V. P. :

Hermopolis magna, c.-à-d. la Grande Ville de Mercure (Achmouneyn), au N. de Lycopolis, près du canal qui allait du Nil au lac *Mœris* (Birket-el-Keroun).

Crocodilopolis, puis *Arsinoé* (Medinet-el-Fayoum), au N., avec le Labyrinthe, construit par 12 rois qui régnèrent ensemble sur l'Égypte (8e s. av. J. C.), et formé de 12 palais immenses qui communiquaient entre eux.

Memphis (ruines au milieu de plusieurs villages dont l'un s'appelle Memph), au N.-E., près de l'endroit où le Nil se partageait, C., fondée par Menès ou Misraïm.

145. Les trois grandes Pyramides (caveaux des morts) se trouvaient non loin de Memphis. C'étaient des monuments construits par les anciens rois pour leur servir de tombeaux. La plus grande a 143 mètres de hauteur ; devant elle était un sphinx colossal long de 48 mètres.

146. Au S.-O. de Memphis se trouvaient, au milieu des sables, deux Oasis ou îles de verdure, nommées l'une la *Petite Oasis* (El-Ouad-el-Bahryeh), l'autre la *Grande Oasis* (El-Khargeh). Les Grecs les appelaient *Iles des Bienheureux;* les Romains en faisaient un lieu d'exil.

III. BASSE ÉGYPTE OU DELTA.

147. La Basse Égypte ou Delta avait pour V. P. :

Babylone (le vieux Caire), au N. de Memphis, à l'origine du Delta.

Héliopolis ou *On* (Mataryeh), au N., avec un temple magnifique du Soleil (en grec, *Hélios*).

Arsinoé ou *Cléopatride* (Soueys ou Suez), au S.-E., port, sur le golfe Arabique.

Peluse (Tineh, en ruines), au N.-O., sur la branche la plus orientale du Nil ; on l'a crue faussement la patrie du célèbre astronome et géographe Ptolémée.

Tanis, et dans la Bible *Zoan* (San), au S.-O., patrie de Moïse et théâtre de ses prodiges.

Tamiathis (Damiette), au N., sur la branche moyenne du Nil.

Naucratis (Kourât), au S.-O., sur la branche la plus occidentale, patrie d'Athénée, auteur grec du 2e s. de J. C.

Saïs (Sa-el-Hadjar), au S.-E., 1re C. du Delta, patrie de Cécrops, qui devint roi d'Athènes (17e s. av. J. C.).

Bolbitine (Rachid ou Rosette), et *Canopus* (Aboukir), au N.-O., dont le nom sert quelquefois à désigner l'Égypte.

Marea (Mariout), au S.-O., sur le lac Maréotique, célèbre par les vins de ce nom.

Alexandrie (m. n., l'Iskanderieh des Arabes et des Turks), au N.-E., 2e C., fondée par Alexandre, embellie par les Ptolémées, la reine du commerce jusqu'à la découverte du

Cap de Bonne-Espérance, à l'extrémité méridionale de l'Afrique (1497 de J. C.). Non loin était l'*île de Pharos*, où Ptolémée Philadelphe fit construire une tour haute de 130 mètres et surmontée d'un fanal pour éclairer les vaisseaux pendant la nuit : de là le nom de *phare* donné à tous les édifices consacrés au même usage.

Art. 2. *Éthiopie orientale.*

148. A quel pays s'étendait le nom d'Éthiopie? — 149. Quelles étaient les bornes de l'Éthiopie au-dessus de l'Égypte? — 150. Quelles en étaient les principales productions? — 151. Quels en étaient les principaux peuples et les principales villes entre l'Égypte et l'île de Méroé? — 152. Qu'appelait-on île de Méroé, et quelle en était la capitale? — 153. Quels étaient les principaux peuples et les principales villes au S. de l'île de Méroé? — 154. Qu'était-ce que la Troglodytice? — 155. Quelles étaient les principales villes des côtes du golfe Arabique? — 156. Quelles étaient les principales contrées des côtes de l'océan Érythrée?

---

148. Le nom d'Éthiopie s'étendait à toutes les contrées de l'Afrique intérieure dont les habitants étaient noirs, depuis le golfe Arabique et la mer des Indes à l'E., jusqu'à l'océan Éthiopien à l'O. De cette vaste étendue de pays. la région du Nil n'avait que l'Éthiopie au-dessus de l'Égypte (Nubie et Abyssinie). Le reste formait l'Éthiopie intérieure (158).

149. L'Éthiopie au-dessus de l'Égypte avait pour bornes :

Au N., l'Égypte;

A l'E., le golfe Arabique;

Au S., l'Éthiopie intérieure;

A l'O., cette même contrée et la Libye intérieure.

150. L'Éthiopie abondait en palmiers, en pêchers, en ébéniers, en arbres à coton, en parfums, en or, en ivoire.

151. Entre l'Égypte et l'île de Méroé, on distinguait:

Les Nobates (El-Kannim, en Nubie).

Les Blemmyes, au S.-E. des Nobates, dont la difformité faisait horreur.

Pselcis (Dakkeh ou Deqqeh), sur le Nil, au S. et non loin de Syène.

Napata (ruines, près de Meraouy), au S.-E., sur le Nil, C. de Candace, reine d'Éthiopie, du temps d'Auguste (22 av. J. C.).

152. On appelait Ile de Méroé la presqu'île formée par le Nil et ses deux affluents (136), au S. de Napata, siége d'un puissant royaume dont la C. était *Méroé* (ruines, près d'Assour ou Hachour), au S. de Napata.

153. Au sud de l'île de Méroé, on distinguait :

Les Memnons (partie de Sennaar), entre le Nil et l'Astapus ; on y recueillait la myrrhe et le cinnamomum, espèce de cannelle, d'où le pays s'appelait *Cinnamomifera regio*.

Auxume (Axum), au S.-E. de Méroé, la 1re ville abyssine qui reçut le christianisme.

Semen (Samen), au S.

154. La Troglodytice (Samara) s'étendait le long du golfe Arabique, depuis Semen jusqu'à la hauteur de Syène. On l'appelait ainsi des *Troglodytes*, c.-à-d. habitants des cavernes creusées dans les rochers qui bordent cette mer.

155. Les V. P. du golfe Arabique étaient :

Bérénice-Panchrysos, ou Toute d'or, à l'E. de Syène, au pied d'une montagne riche en ce métal (Djebel-Dyab ou Dahaby, même sens).

Adulis, au S.-E., port très-commerçant.

Bérénice-épi-Diré, sur le promontoire et près du détroit de ce nom (Bab-el-Mandeb).

156. Le long de l'océan Erythrée s'étendaient :

1° La Barbarie, appelée dans l'intérieur *Azama* (Ajan), au S.-E. de Bérénice ;

2° L'Agizymba (pays des Zimbes), peuplé d'anthropophages. Les Zimbes sont encore si cruels, qu'ils se nourrissent de chair humaine dont ils tiennent des boucheries.

2e RÉGION. — AFRIQUE CENTRALE (Éthiopie intérieure et Libye intérieure).

157. Quelles étaient les principales divisions de l'Afrique centrale? — 158. Que comprenait l'Éthiopie intérieure et occidentale? — 159. Quelle était l'étendue de la Libye intérieure? — 160. Quels en étaient les peuples principaux? — 161. Quelles étaient les îles principales de cette contrée dans l'océan Atlantique?

---

157. L'AFRIQUE CENTRALE se divisait en deux contrées:

1° L'*Éthiopie intérieure et occidentale* (Nigritie ou Soudan, Sénégambie, Guinée, etc.);

2° La *Lybie intérieure* (grand désert de Sahara).

I. ÉTHIOPIE INTÉRIEURE ET OCCIDENTALE.

158. L'ÉTHIOPIE INTÉRIEURE ET OCCIDENTALE comprenait tout le centre de l'Afrique depuis l'Éthiopie orientale jusqu'à l'océan Atlantique. On y trouvait le *Stachir* (rivière de Gambie) et le *Daradus* (rivière du Sénégal).

1. LIBYE INTÉRIEURE.

159. La LIBYE INTÉRIEURE s'étendait au N. de l'Éthiopie jusqu'au 30e degré de latitude, depuis l'Égypte à l'E. jusqu'à l'océan Atlantique à l'O. Au S., vers l'Éthiopie coulait le *Nigir* (Niger).

160. Les principaux peuples de la Libye intérieure étaient :

Les GARAMANTES, à l'O. de l'Égypte et de l'Éthiopie orientale;

Les GÉTULES, à l'O., grande nation qui comprenait : les NIGRITES ou NÈGRES, sur les bords du Niger ; les MÉLANO-GÉTULES ou GÉTULES NOIRS, au N. de ce fleuve; les GÉTULES DARES, au S. du mont Atlas.

161. Sur les côtes de l'océan Atlantique se trouvaient plusieurs îles :

L'île *Cerne* (Fedal), au N.

Les *îles Hespérides* ou *Purpuriennes* (Lancerote et Fortaventure, partie des îles Canaries), au S.

Les *îles Fortunées* (les autres Canaries), ainsi nommées de leur sol fertile et de l'air pur qu'on y respirait. Les Anciens y avaient placé les champs Élysées.

3e RÉGION. — AFRIQUE SEPTENTRIONALE (Maurétanie, Numidie Afrique propre et Libye maritime).

162. Quelles étaient les bornes et les montagnes de l'Afrique septentrionale? — 163. Quelles en étaient les principales divisions?

162. L'AFRIQUE SEPTENTRIONALE avait pour bornes :

Au N., le détroit d'Hercule ou de Gadès et la mer Intérieure;

A l'O., l'océan Atlantique;

Au S., le Grand Désert avec la chaîne du mont Atlas, qui s'étendait depuis l'océan Atlantique jusqu'à la *Grande Syrte* (golfe de Gabès);

A l'E., l'Égypte.

163. L'Afrique septentrionale se divisait en quatre contrées :

1° La *Maurétanie;*

2° La *Numidie;*

3° L'*Afrique propre;*

4° La *Libye maritime.*

ART. 1er. *Maurétanie.*

164. Quelles étaient les bornes de la Maurétanie? — 165. Quels en étaient les fleuves principaux? — 166. Quelles en étaient les principales divisions? — 167. Quelles en étaient les principales productions? — 168. Quelles étaient les villes principales de la Maurétanie Tingitane? — 169. Quelles étaient les villes principales de la Maurétanie Césarienne?

164. La MAURÉTANIE (empire de Marok, O. de l'Algérie) avait pour bornes :

Au N., le détroit d'Hercule et la mer Intérieure;

A l'E., la Numidie ;

Au S., l'Atlas;

Au S.-O., l'océan Atlantique.

165. La Maurétanie avait pour fleuves principaux :

Le *Molocath* ou *Malva* (Molouyah ou Malouia), limite primitive de la Numidie;

L'*Ampsagas* (Ouadi-el-Kibir), limite de la même contrée, sous l'Empire (1er s. de J. C.).

166. La Maurétanie se divisait en deux provinces : 1° la *Maurétanie Tingitane*, à l'O. ; 2° la *Maurétanie Césarienne*, au S.-E.

167. La Maurétanie produisait des grains en abondance. Les Romains en tiraient, pour les jeux publics, des éléphants, des tigres, des lions, des girafes, des panthères, des léopards, des ours, etc.

I. MAURÉTANIE TINGITANE.

168. La MAURÉTANIE TINGITANE, appelée sous l'Empire HISPANIE TRANSFRÉTANE (au delà du détroit d'Hercule), avait pour V. P. :

Septa ou *Abyla*, sur une montagne que l'on regardait comme une des colonnes d'Hercule, vis-à-vis de *Calpé* (Gibraltar), en Espagne (298).

Tingis (Tengeh ou Tanger), sur le détroit, C., d'où vient le nom de *Tingitane*.

II. MAURÉTANIE CÉSARIENNE.

169. La MAURÉTANIE CÉSARIENNE avait pour V. P. :

Siga (Ned-Roma), à l'E. de Tingis, près de la mer, 1re C. de Siphax, roi de Numidie.

Iol, puis *Césarée* (Cherchell), au N.-E., sur la mer, C. du roi Juba, d'où vient le nom de *Césarienne*. C'est la patrie de l'empereur Macrin (3e s. de J. C.).

Art. 2. *Numidie.*

170. Quelles étaient les bornes de la Numidie? — 171. Par quoi se distinguaient les Numides? — 172. Quelles étaient les villes principales de la Numidie?

---

170. La Numidie (N.-E. de l'Algérie) s'étendait primitivement depuis la Molocath (165) à l'O., jusqu'au *Rubricatus* (Seybas ou Seybouse), à l'E. Sous Claude, elle ne commença qu'à l'Ampsagas (152), dont la rive gauche était habitée par les *Numides Massésyliens*, et la droite par les *Numides Massyliens.*

171. Les Numides ou Nomades, comme les appelaient les Grecs, vivaient de brigandages. Leur principale force consistait en cavalerie; ils montaient leurs chevaux sans selle et les conduisaient souvent sans bride, avec une simple baguette.

172. Les V. P. de la Numidie étaient :

Cirtha, nommée *Constantine* (Quostantynah), par Constantin le Grand, à l'E. de Césarée, C. de Siphax, puis de Massinissa.

Tagaste (Tagelt), au N., patrie de saint Augustin (4e s. de J. C.).

Hippo-Regius ou *Hippone* (Bona ou Bounah), au N., sur le *golfe d'Hippone* (Bizerta) ; S. Augustin en fut évêque, l'an 396 de J. C.

Art. 3. *Afrique propre.*

173. Quelles étaient les bornes de l'Afrique propre? — 174. Quels en étaient les principaux fleuves? — 175. Quelles en étaient les principales divisions? — 176. Quelles étaient les villes principales de la Zeugitane? — 177. De la Byzacène? — 178. De la Tripolitane?

---

173. L'Afrique propre (États de Tunis et de Tripoli) avait pour bornes :

Au N., la mer Intérieure;
A l'O., la Numidie ;
Au S., la Gétulie;
A l'E., la Libye maritime (178).

174. Les principaux fleuves de l'Afrique propre étaient :
Le *Tusca* (Ouadi-Zaine ou El-Berber), limite de l'O.;
Le *Bagradas* (Medjerdah);
Le *Cinyphs* (Ouadi-Quaham), limite de l'E.

175. L'Afrique propre se divisait en 3 provinces principales :

1° La *Zeugitane;* 2° la *Byzacène;* 3° la *Tripolitane* ou *Syrtique*, entre la *Petite Syrte* (golfe de la Sidre) et la *Grande Syrte* (golfe de Gabès).

176. Les V. P. de la ZEUGITANE (O. de l'État de Tunis) étaient :

Utique ou *Ithyca* (ruines, près de Porto-Farina), à l'E. d'Hippone, à l'embouchure du Bagradas, célèbre par la mort du second Caton, nommé de là *Caton d'Utique* (46 av. J. C.).

Tunes ou *Tunetum* (Tunis ou Tounis), au S.-E.

Carthage (ruines, près de Tunis), colonie des Phéniciens, qui la nommaient *Carthada* ou *Kartha-Hadath*, c.-à-d. la Ville Neuve. Devenue riche et puissante par son commerce, elle fut longtemps la rivale de Rome, qui, dans la 3e *guerre Punique*, la détruisit de fond en comble (146 av. J. C.). C'est la patrie du poëte comique Térence. Les Carthaginois s'appelaient *Pœni*, mot d'où dérive *punique*, et le même que *Phœni*, Phéniciens.

Madaure, détruite, au S.-O., sur le Bagradas, patrie d'Apulée, auteur de l'*Ane d'or* (2e s. de J. C.).

Sicca-Venerea (Keff), au S., sur le Bagradas, où l'armée de Régulus eut à combattre un énorme serpent long de 40 mètres (225 av. J.-C.).

Zama (Zag), au S.-E., où Scipion l'Africain défit Hannibal (201 av. J. C.) et termina la 2e *guerre Punique*. Devenue capitale du royaume de Juba (156), Zama prit le nom de *Regia*, royale.

177. Les V. P. de la BYZACÈNE (partie de l'État de Tunis) étaient :

Hadrumète (Hâmâmet), au S.-E. de Zama, colonie phénicienne.

Byzacium (Beghni), au S.-O., près de la Petite Syrte.

Capsa (Cafsa), à l'O., place forte de Jugurtha.

178. La TRIPOLITANE (État de Tripoli) tirait son nom de ses trois V. P. :

Sabrata (Sabart ou Tripoli-Vecchio), au S.-E. de Capsa.

Œa (Tripoli), à l'E.

Leptis-Magna ou la Grande (Zebda, en ruines), à l'E.

ART. 4. *Libye maritime.*

179. Quelles étaient los bornes de la Libye maritime? — 180. Quelles en étaient les principales divisions? — 181. Quelles étaient les villes et les nations principales de la Cyrénaïque? — 182. Quels étaient les peuples principaux de la Marmarique?

---

179. La LIBYE MARITIME (pays de Derne ou de Barca, dans l'État de Tripoli) avait pour bornes :

Au N., la mer Intérieure;

A l'O., la Tripolitaine et les déserts;

Au S., la Lybie intérieure;

A l'E., l'Égypte.

180. La Lybie maritime se divisait en 2 provinces : 1° la *Cyrénaïque*, à l'O.; 2° la *Marmarique*, à l'E.

181. La CYRÉNAÏQUE, qui s'étendait de la Grande Syrte au promontoire *Drepanum* (Ras-Zafrané), avait pour V. P.:

Bérénice ou *Hespéris* (Bernic), à l'E. de Leptis, sur la Grande Syrte.

Ptolémaïde (Tolmyâtah ou Tolomata), à l'E., port commerçant de *Barca* (Barqah).

Apollonie ou *Sozuza* (Marza-Susa ou Sosush), qui était le port de

Cyrène (Qrennah ou Grennah), au N.-E., fondée par le

Lacédémonien Battus (631 av. J. C.), patrie des philosophes Aristippe (5e s. av. J. C.), Eratosthène (3e s.), Carnéade (2e s.), et du poëte Callimaque (3e s.).

Darnis (Derne ou Derneh), port à l'E.

Vers la Grande Syrte, on trouvait :

1° Les Nasamons, qui ne vivaient que de sauterelles et n'adoraient que les dieux des enfers ;

2° Les Psylles, qui se disaient invulnérables à la morsure des serpents.

182. Les peuples principaux de la Marmarique étaient :

Les Adyrmachides, sur les bords de la mer, avec une ville nommée *Parætonium* (Al-Barétoun).

Les Ammoniens, dans les Oasis du désert, dont la ville principale était celle d'*Ammon* (Syouah), nom de Jupiter en Égypte. Il y avait un temple et un oracle par lequel Alexandre le Grand se fit proclamer fils de Jupiter.

IIIe SECTCON. — EUROPE

BORNES ET DIVISIONS GÉNÉRALES DE L'EUROPE.

183. Quelles étaient les bornes de l'Europe ancienne? — 184. Quelles en étaient les divisions générales?

---

183. L'EUROPE ancienne avait pour bornes :

Au N., l'océan Germanique et le golfe Codan;

A l'O., l'océan Atlantique, l'océan Britannique et le détroit de Gaule (Pas-de-Calais) ;

Au S., la mer Intérieure et le détroit d'Hercule ;

A l'E., le Rha, le Tanaïs, le Palus-Méotide, le Bosphore Cimmérien, le Pont-Euxin, le Bosphore de Thrace, la Propontide, l'Hellespont et la mer Égée.

184. L'Europe ancienne se divisait en 9 régions principales :

RÉGIONS	CONTRÉES
3 au S.	La Péninsule Hellénique (Grèce), au S.-E.; La Péninsule Italique (Italie), au N.-O. de la Grèce ; La Péninsule Hispanique (Espagne et Portugal), à l'O. de l'Italie.
3 au centre. . .	La Gaule (France) ; La Germanie (Allemagne septentrionale) ; Les contrées du Danube (Allemagne méridionale).
1 à l'E.. . . .	La Sarmatie européenne, avec la Chersonèse Taurique (Russie).
2 au N.	La Chersonèse Cimbrique (Danemark), avec la Presqu'île Scandinavique (Suède et Norwége) ; L'Archipel des Iles Britanniques (Angleterre, Écosse, Irlande).

1re RÉGION. PÉNINSULE HELLÉNIQUE (GRÈCE).

185. Quelles étaient les divisions principales de la Péninsule Hellénique?

---

185. La PÉNINSULE HELLÉNIQUE se divisait en 3 parties :
1° L'une méridionale, ou la *Grèce proprement dite ;*
2° L'autre septentrionale, ou l'*Illyrie*, la *Macédonie* et la *Thrace ;*
3° Les *Iles*.

ART. 1er. *Péninsule Hellénique méridionale ou Grèce proprement dite.*

186. Quelles étaient les bornes de la Grèce proprement dite? — 187. Quelles en étaient les divisions principales?

---

186. La GRÈCE PROPREMENT DITE avait pour bornes :
Au N., la Macédoine et l'Illyrie ;
A l'E., la mer Égée;
Au S., la mer Intérieure ;
A l'O., la mer Ionienne.
187. La Grèce proprement dite se divisait en 4 parties :
1° La *Grèce méridionale* ou *Péloponnèse ;* 2° la *Grèce centrale* ou *Hellade ;* 3° la *Grèce septentrionale ;* 4° les *Iles* (*)

I. *Grèce méridionale ou Péloponnèse.*

188. D'où viennent les noms de Péloponnèse et de Morée? 189. En combien d'États se divisait le Péloponnèse? — 190. Quelles en étaient les montagnes et les rivières principales?

[1] Nous parlerons des îles à la fin de tout ce qui regarde la Péninsule Hellénique, n° 240 et suiv.

191. Que comprenait l'Argolide, et quelles en étaient les villes principales? — **192.** Quelles étaient les villes principales de l'Arcadie? — **193.** De la Laconie? — **194.** De la Messénie? — **195.** Que comprenait l'Élide, et quelles en étaient les villes principales? — **196.** Que comprenait l'Achaïe, et quelles en étaient les villes principales?

---

188. La Grèce méridionale nommée d'abord *Apie*, s'appela *Péloponnèse* ou *Presqu'île de Pélops*, prince qui en conquit une partie. Le nom moderne de *Morée* lui vient des mûriers (*morus*) qu'elle produit en abondance.

189. Le Péloponnèse se divisait en 6 États principaux:

L'*Argolide*, l'*Arcadie*, la *Laconie*, la *Messénie*, l'*Élide* et l'*Achaïe* jusqu'à l'isthme de Corinthe.

190. Les montagnes et les rivières principales du Péloponnèse étaient :

Le *Lyrcis* (Malevo), d'où naissait l'*Inachus* (Xéra);

Le *Cyllène* (Zyria), d'où coulait l'*Asope* (m. n.);

Le *Taygète* (Panta-Dactylon), d'où sortaient l'*Alphée* (Rophia) et l'*Eurotas* (Iri, Vasili-Potamo et Hélos).

1° ARGOLIDE.

191. L'Argolide (N.-E. de la Morée), outre le royaume d'*Argos* et de *Mycènes*, comprenait l'*Épidaurie*, la *Trézénie* et l'*Hermionide*, dont les V. P. étaient:

Argos (Argo), sur l'Inachus, C., avec un port nommé *Nauplie* (Naupli ou Napoli de Romanie). C'est la patrie de Télésille, femme poëte (6e s. av. J. C.). Pyrrhus, roi d'Épire, y fut tué (272 av. J. C.).

Mycènes (en ruines, près de Carvathy), au N. E., C. d'un royaume fondé par Persée, qui compte Agamemnon parmi ses successeurs.

Épidaure (Pithavra, en ruines), au S.-E., sur le golfe Saronique, patrie d'Esculape, dieu de la médecine.

Trézène (Damala, ruines), au S.-E., résidence de Pitthée, aïeul d'Hippolyte, fils de Thésée, roi d'Athènes.

Hermione (ruines, près de Castri), au S.-E., célèbre pa sa pourpre.

2° ARCADIE.

192. L'ARCADIE (centre de la Morée), célèbre par les mœurs pastorales de ses habitants, avait pour V. P. :

Mantinée (Palæopoli, c.-à-d. Vieille-Ville, ruines), au S.-O. d'Argos, où les Lacédémoniens furent défaits en 363 par Épaminondas, qui périt dans sa victoire.

Tégée (ruines, près de Tripolitza), au S., avec un temple célèbre de Minerve, lieu d'asile pour les criminels, où mourut de faim Pausanias, roi de Sparte (397 av. J. C.)

Mégalopolis ou la *Grande Ville* (ruines, près de Sinano), au S.-O., fondée l'an 370 par le conseil d'Épaminondas; patrie de Philopœmen, appelé le *dernier des Grecs*, et de l'historien Polybe (3e et 2e s. av. J. C.)

3° LACONIE.

193. La LACONIE (S.-E. de la Morée) avait pour V. P. :

Sparte ou *Lacédémone* (ruines, près de Magoula, village voisin de Mistra), au S.-E. de Mégalopolis, sur l'Eurotas, célèbre par la législation de Lycurgue et par le courage de ses habitants.

Sellasie, au N., où Cléomène, roi de Sparte, fut défait par Antigone, roi de Macédoine (222 av. J. C.).

Hélos (Tsyli), au T., sur le golfe Laconique, dont les habitants furent réduits en esclavage perpétuel, sous le nom d'*Hilotes*, par Agis, roi de Lacédémone (1091 av. J. C.).

4° MESSÉNIE.

194. La MESSÉNIE (S.-O. de la Morée), soumise par les Lacédémoniens après trois guerres longues et sanglantes (774-464 av. J. C.), avait pour V. P. :

Messène (Mavromathi, ruines), au centre, C., fondée par Épaminondas, près du mont *Ithome* (Vourcano). Les Messéniens s'y défendirent dix ans dans la 3e guerre de Messénie.

Pylus ou *Érana* (Navarin), au N., port excellent.

Ira, forteresse où les Messéniens soutinrent un siége de onze ans dans la 2e guerre de Messénie.

5° ÉLIDE.

195. L'ÉLIDE (N.-O. de la Morée) comprenait au S. la montueuse *Triphylie* et au N. l'*Élide proprement dite*, dont les V. P. étaient :

1° Dans la TRIPHYLIE :

Pylus de Triphylie au N.-O. d'Ira, patrie du sage Nestor.

2° Dans l'ÉLIDE PROPREMENT DITE :

Olympie (ruines, près de Miraca, village), au N. de Pylos, sur l'Alphée, dans un territoire consacré à Jupiter Olympien, qui y avait un temple magnifique et une statue d'or et d'ivoire, haute de 20 mètres, chef-d'œuvre de Phidias. C'est sur ce territoire que, tous les quatre ans révolus, se célébraient, en l'honneur de ce dieu, les jeux Olympiques, d'où vient l'*ère des Olympiades* (776 av. J.C.).

Pise (détruite), sur l'Alphée, renommée par ses chevaux.

Élis (ruines, près de Gastouni), au N.-O., sur le *Pénée*, (Gastouni), ville sacrée dont les habitants présidaient aux jeux Olympiques ; patrie du philosophe Pyrrhon, qui doutait de tout (4e s. av. J. C.).

6° ACHAÏE.

196. L'ACHAÏE (N. de la Morée), siége de la ligue Achéenne, comprenait l'*Achaïe proprement dite* à l'O., la *Sicyonie* au centre, et la *Corinthie* à l'E., dont les V. P. étaient :

1° Dans l'ACHAÏE PROPREMENT DITE :

Patrées (Patras), la Baliabadra des Turks, au N.-E. d'Elis, près du golfe de ce nom.

Ægium (Vostitza), à l'E., sur le golfe de Corinthe, où mourut Aratus, chef de la ligue Achéenne, empoisonné par Philippe III, roi de Macédoine (212 av. J. C.).

2° Dans la SICYONIE :

Sicyone (Vasilica ou Basilica), à l'E. d'Ægium, C. du plus ancien royaume grec, fondé par Egialée (2164 ans av. J. C.); patrie des sculpteurs Polyclète et Lysippe (4e s. av. J. C.); des Peintres Pausias et Timanthe (4e s.), d'Aratus (3e s).

3° Dans la CORINTHIE, située en grande partie sur l'isthme de Corinthe, où se célébraient, tous les quatre ans, les jeux Isthmiques, en l'honneur de Neptune:

Corinthe (m. n., la Kordos des Turks), à l'E. de Sicyone sur l'Isthme, avec deux ports: l'un *Léchée* (Alica) sur le *golfe Corinthiaque*; l'autre *Cenchrées* (Kékries), sur le *golfe Saronique* (G. d'Egine ou d'Athènes). Sa citadelle s'appelait *Acro-Corinthe* (Haute-Corinthe). Cette ville fut détruite et dépouillée de tous ses ornements par le consul Mummius (146 av. J. C.). S. Paul y prêcha l'Évangile; on a de lui deux Épîtres aux Corinthiens.

II. *Grèce centrale, ou Hellade.*

197. Quelles étaient les bornes de la Grèce centrale? — 198. En combien d'États se divisait la Grèce centrale? — 199. Quelles en étaient les montagnes et les rivières principales? — 200. Quelles étaient les villes principales de la Mégaride? — 201. Donnez quelques détails historiques et physiques sur l'Attique? — 202. Quelles étaient les villes principales de l'Attique? — 203. Quelle était la réputation des habitants de la Béotie? — 204. Quelles étaient les villes principales de la Béotie? — 205. De la Phocide? — 206. De la Locride? — 207. De la Doride? — 208. De l'Étolie? — 209. De l'Acarnanie?

---

197. La GRÈCE CENTRALE (Grèce propre, *nouveau royaume de la Grèce*) avait pour bornes:

Au N., la Thessalie et le golfe d'Ambracie (G. de l'Arta);
A l'E., la mer Égée;
Au S., le golfe Corinthiaque et le golfe Saronique;
A l'O., la mer Ionienne.

198. La Grèce centrale se divisait en 8 États principaux:

La *Mégaride*, l'*Attique*, la *Béotie*, la *Phocide*, les *trois Locrides*, la *Doride* et l'*Acarnanie*.

199. Les montagnes et les rivières principales de la Grèce centrale étaient :

1° Dans l'Attique :

Le *Pentélique* (Penteli), avec de beaux marbres blancs ; l'*Hymette* (Mavro-Vouni), célèbre par ses abeilles et son miel.

2° Dans la Béotie :

Le *Cithéron* (Elatea) ; l'*Hélicon* (Palæo-Vouno ou Zagora), d'où sortaient la fontaine d'*Hyppocrène* et le petit fleuve *Permesse*, consacrés aux Muses, comme ces deux montagnes.

3° Dans la Phocide :

Le *Parnasse*, au double sommet, séjour d'Apollon et des Muses, d'où sortait la fontaine inspiratrice de *Castalie*.

4° Dans les Locrides :

Le *Cnémis*, au N. duquel se trouvaient les *Thermopyles* (Bocca di Lupo), défilé que défendit Léonidas avec 300 Spartiates contre toute l'armée des Perses (480 av. J. C.) ; l'*Œta* (Katavothra-Vouno), où Hercule se brûla lui-même sur un bûcher.

5° Dans l'Étolie :

Le *Pinde oriental* (Axiros et Vardisio), d'où sortait l'*Événus* (Fidari).

1° MÉGARIDE.

200. La MÉGARIDE (partie de la Livadie), à l'E. de l'isthme de Corinthe, avait pour V. P. :

Mégare (m. n.), près du golfe Saronique, sur lequel elle avait un port appelé *Nisée* (les Douze-Églises).

2° ATTIQUE.

201. L'ATTIQUE (partie de la Livadie), au S.-E. de la Mégaride, colonisée par l'Égyptien Cécrops (1643 av. J. C.), produisait beaucoup de figues, d'olives et de miel. Les Athéniens passaient pour les plus sages et les plus spirituels des Grecs. Solon fut leur législateur.

202. L'Attique avait pour V. P. :

Athènes (m. n. ou Athina), à l'E. de Mégare, C., fondée par Cécrops, non loin du golfe Saronique, sur lequel elle avait trois ports : le *Munychie* (Stratiotiki)), le *Phalère* (Porto), et le *Pirée* (Porto-Leone), que de longs murs fortifiés joignaient à la ville. La citadelle, qui s'appelait *Acropolis*, c.-à-d. Ville haute, renfermait le fameux *Parthénon*, temple de Minerve, bâti par Phidias sous les auspices de Périclès.

Marathon (m. n.), au N.-E., célèbre par la victoire que 10,000 Athéniens, sous les ordres de Miltiade, remportèrent sur 110,000 Perses (490 av. J. C.)

Eleusis (Lepsina), au N.-O., ville sainte de l'Attique où se célébraient, en l'honneur de Cérès et de Proserpine, les fameux mystères appelés *Éleusinies*.

5° BÉOTIE.

203. La BÉOTIE (partie de la Livadie) renfermait le lac *Copaïs* (Topolias), dont les émanations vicieuses rendaient, dit-on, les Béotiens lourds et stupides. Il s'est pourtant trouvé chez eux des hommes illustres, tels que le poëte Pindare (6e s. av. J. C.), Epaminondas et Pélopidas (4e s.), nés à Thèbes.

204. La Béotie avait pour V. P.:

Thèbes (m. n., la Thiva des Turks), au N. d'Eleusis, C. fondée par le Phénicien Cadmus, qui bâtit la citadelle appelée *Cadmée*. Amphion, selon la Fable, en éleva les murailles au son de sa lyre. Alexandre la prit et la rasa, à l'exception de la maison de Pindare.

Tanagre (Craïmada), au S.-E., avec le tombeau de Corinne, surnommée la *Dixième Muse*.

Aulis (Mégalo et Micro Vathi), au N.-E., grand et petit port sur le détroit de l'*Euripe* (Négrepont), d'où la flotte des Grecs vogua, l'an 1280, pour le siége de Troie.

Thespies (ruines, près d'Érimo-Castro), au S.-O., ville consacrée aux Muses.

Leuctres (Parapongia), au S.-E., bourg célèbre par une victoire d'Épaminondas sur les Spartiates (371 av. J. C.).

Ascra (Néo-Chorio), à l'E., au pied de l'Hélicon, patrie ou séjour d'Hésiode, contemporain d'Homère (17).

Coronée (Comari), au N., théâtre d'une victoire d'Agésilas, roi de Sparte, sur les Thébains (394 av. J. C.), et qu'il ne faut pas confondre avec

Chéronée (Capréna ou Capournia), au S.-O., où Philippe et son fils Alexandre remportèrent une victoire qui mit fin à l'indépendance de la Grèce (338 av. J. C.).

Orchomène (Skripou), au N.-E., sur le lac Copaïs, où Sylla défit Archélaüs, lieutenant de Mithridate (87 av. J. C.).

Platées (Cocla), sur l'Asopus, au S.-O., où les Grecs, sous les ordres de Pausanias et d'Aristide, anéantirent, l'an 479, l'armée persane, commandée par Mardonius.

Lebadée (Livadie), à l'O., célèbre par l'antre et l'oracle de Trophonius.

4° PHOCIDE.

205. La Phocide (partie de la Livadie) avait pour V. P. :

Delphes ou *Pytho* (Castri), au N.-O., bâtie à mi-côte du Parnasse avec un temple d'Apollon, célèbre par ses richesses et les oracles qu'y rendait la *Pythonisse*.

Cyrrha ou *Crissa*, port et arsenal de Delphes, sur le *golfe de Crissa* (baie de Salène).

5° TROIS LOCRIDES.

206. Les trois Locrides (partie de la Livadie), séparées par la Phocide en deux contrées, avaient pour V. P. :

Oponte, près du *golfe Opontien* (canal de Talanti), patrie de Patrocle, ami d'Achille. — De là les Locriens *opontiens*.

Cnémis, au pied de la montagne de ce nom (186). — De là les Locriens *épicnémidiens*.

Naupacte (Lépante), sur le golfe de Corinthe, chez les Locriens *ozoles* (puants), ainsi nommés de ce qu'ils portent des peaux de chèvres non tannées.

6° DORIDE.

207. La Doride (partie de la Livadie) avait pour V. P. :

Pindus, *Érinée*, *Boïon* et *Cytinium*, qui la faisaient nommer *Tétrapole* (quatre villes).

7° ÆTOLIE.

208. L'Ætolie (Vlakia), à l'O. de la Doride, peuplée au moyen âge par les *Valaques*, avait pour V. P. :

Thermus (ruines, près de Vrachori), au centre, C.

Calydon (ruines, Hebréo-Castro), au S.-O., célèbre par le sanglier de ce nom.

8° ACARNANIE.

209. L'Acarnanie (Carnia), à l'O. de l'Ætolie, avait pour V. P. :

Stratos (en ruines), au N.-O. de Calydon, C., sur l'*Achéloüs* ou *Thoas* (Aspro-Potamo).

Actium (Azio), au N.-O., fondée par Auguste près du *promontoire d'Actium* (Punta de la Civola), qui s'avance dans le golfe d'Ambracie (197). C'est là que se donna l'an 31 av. J. C., entre César Octave (Auguste) et Marc Antoine, la bataille navale qui décida de l'empire du monde en faveur du premier.

III. *Grèce septentrionale.*

210. Quelles étaient les bornes de la Grèce septentrionale? — 211. Quelles en étaient les principales divisions? — 212. Quelles en étaient les montagnes et les rivières principales? — 213. Donnez quelques détails historiques et physiques sur la Thessalie. — 214. Que comprenait la Thessalie, et quelles en étaient les villes principales? — 215. Quelles étaient les bornes de l'Épire? — 216. Donnez quelques détails historiques et physiques sur l'Épire. — 217. Que comprenait l'Épire, et quelles en étaient les villes principales?

---

210. La Grèce septentrionale (Tricala et Basse Albanie, Turquie) avait pour bornes :

Au N., la Macédoine et l'Illyrie ;
A l'E., la mer Égée;
Au S., le golfe d'Ambracie et la chaîne de l'Œta;
A l'O., le Pinde, qui la séparait de l'Épire.

211. Les divisions principales de la Grèçe septentrionale étaient : la *Thessalie*, à l'E., et l'*Épire*, à l'O.

212. Les montagnes et les rivières principales de la Grèce septentrionale étaient :

1° Dans la Thessalie :

Le mont *Pélion* (Plesnid-Oro ou Zagora), qui se terminait à l'E. par le cap de *Sepias*, (S.-George), et que le combat des Géants a rendu célèbre dans la Fable, comme l'*Ossa* (Kisso) et l'*Olympe* (Lacha), demeure des dieux. Ces montagnes allaient rejoindre le *Pinde* (Psiloriti), d'où sortait le *Pénée* (Salampria).

2° Dans l'Épire :

Les monts *Acraucérauniens* (la Chimère), d'où coulaient l'*Avas* (Arta), l'*Aréthon* (Lourcha), l'*Achéron* (Mavro-Potamo), qui, grossi du *Cocyte* (Paramythia) et célèbre comme lui dans la Fable, traversait le *marais Achérusien* (Tchouknida) ; enfin l'*Aoüs* (Voïoussa), vers le N.

I. THESSALIE.

213. La Thessalie (Tricala ou Tirhala), d'où les descendants de Deucalion sortirent sous le nom d'*Hellènes*, de *Doriens*, d'*Æoliens*, d'*Ioniens* et d'*Achéens*, peut être regardée comme le berceau de la nation grecque. Les gras pâturages de ce pays nourrissaient d'excellents chevaux. C'était le séjour des *Centaures* qu'on représente mi-hommes, mi-chevaux, pour exprimer d'excellents cavaliers. Ils furent exterminés par les *Lapithes*.

214. La Thessalie, qui comprenait l'*Histiéotide*, la *Thessaliotide*, la *Phthiotide*, la *Magnésie* et la *Pélasgiotide*, avait pour V. P. :

1° Dans l'Histiéotide :

Tricca (Tricala ou Tirhala), au N.-O. d'Actium, sur le Pénée, patrie d'Esculape, dieu de la médecine.

2° Dans la Thessaliotide :

Pharsale (Pharsala, la Sataldjé des Turks), au S.-E., où César remporta sur Pompée, l'an 48 av. J.-C., une victoire qui le rendit maître de la république romaine.

A l'E., se trouvaient les collines des *Cynocéphales* ou Têtes de Chien, où le consul Flamininus battit l'an 198 Philippe III, roi de Macédoine.

3° Dans la Phthiotide, patrie d'Achille :

Anticyre, à l'embouchure du *Sperchius* (Hellada), qui se jetait dans le *golfe Maliaque* (G. de Zeitoun). On y trouvait de l'ellébore, herbe à laquelle on attribuait la vertu de guérir la folie.

Lamia (Zeitoun ou Izdin), au N.-O., où les Grecs vainquirent Antipater, gouverneur de la Grèce, dans la *guerre lamiaque* (322 av. J. C.).

Phères (Velestina), près de l'*Amphryse* (Armyros), sur les bords duquel Apollon garda les troupeaux d'Admète, roi du pays.

4° Dans la Magnésie :

Pagases (ruines), à l'E., sur le *golfe Pélasgique* ou *Pagasétique* (Volo).

Iolchos (Boritza), à l'E , sur le même golfe, patrie de Jason, d'où partirent les Argonautes (114).

5° Dans la Pélasgiotide, ainsi nommée des *Pélasges*, premiers dominateurs de la Grèce (19e s. av. J. C.).

Gonnos, vers l'endroit où l'Olympe et l'Ossa ne laissent au Pénée que l'étroite et délicieuse *vallée de Tempé*.

Larisse (m. n.), au N.-O., sur le Pénée, C. des États d'Achille.

2° Épire.

215. L'Épire (Basse-Albanie ou Janina, Turquie) avait pour bornes :

Au N., l'Illyrie ;

A l'E., le Pinde ;

Au S., l'Acarnanie et le golfe d'Ambracie ;

A l'O., la mer Ionienne et le golfe Adriatique.

216. L'Épire eut pour premier roi Pyrrhus, fils d'A-

chille et petit-fils d'Æacus ; d'où les Épirotes sont assez souvent appelés *Æacides*. Ce pays nourrissait une race de chevaux célèbres par leurs victoires aux jeux Olympiques.

217 L'Épire, qui comprenait la *Molosside*, la *Thesprotie* et la *Chaonie*, avait pour V. P. :

1° Dans la MOLOSSIDE :

Dodone (Proskynisi), au N.-O. de Larisse, célèbre par le temple de Jupiter, par son oracle et par ses chênes prophétiques.

2° Dans la THESPROTIE :

Ambracie, au S. de Dodone, à l'embouchure de l'Aréthon.

Nicopolis ou *Ville de la Victoire* (ruines, non loin de Prevesa), à l'O., bâtie par Auguste en mémoire de la bataille d'Actium (209).

3° Dans la CHAONIE :

Chiméra (m. n., Kiméra), au N.-O. de Nicopolis, d'où vient le nom moderne des monts Acrocérauniens (211).

ART. 2. *Péninsule Hellénique septentrionale, ou Illyrie, Macédoine et Thrace.*

218. Quelles étaient les bornes de la Péninsule Hellénique septentrionale? — 219. Quelles en étaient les principales divisions?

---

218. La PÉNINSULE HELLÉNIQUE SEPTENTRIONALE avait pour bornes :

Au N., la chaîne de l'Hémus (Balkan) ;

A l'O., la mer Adriatique ;

Au S., la Grèce proprement dite ;

A l'E., le Pont-Euxin jusqu'à la mer Égée.

219. Cette contrée comprenait 3 parties principales : 1° l'*Illyrie*, à l'O. ; 2° la *Macédoine*, au centre ; la *Thrace*, à l'E.

I. ILLYRIE.

220. Quelles étaient les bornes de l'Illyrie? — 221. Quel-

les en étaient les rivières et les montagnes principales? — 222. Comment divisait-on l'Illyrie? — 223. Quelles étaient les villes principales de l'Illyrie grecque? — 224. De l'Illyrie proprement dite?

---

220. L'Illyrie (Albanie moyenne et haute), Turquie; Bosnie, Dalmatie et Croatie, Autriche) avait pour bornes

Au N., le fleuve Arsia (m. n.);

A l'O., la mer Adriatique;

Au S., les monts Acrocénauriens;

A l'E., la Pannonie, la Mœsie et la Macédoine.

221. Les rivières et les montagnes principales de l'Illyrie étaient :

L'*Aoüs* (211), le *Drinus* (Drin), le *Naro* (Narenta), et le *Titius* (Kerka), qui sortait de l'*Albius* (Alpes Dinariques).

222. L'Illyrie se divisait en deux parties : 1° l'*Illyrie grecque* ou *Nouvelle Épire*; 2° l'*Illyrie proprement dite*.

1° ILLYRIE GRECQUE.

223. L'Illyrie grecque ou Nouvelle Épire (Albanie moyenne et haute), ainsi nommée de plusieurs colonies grecques qui s'y fixèrent, avait pour V. P. :

Aulon (Valona ou Avlona), au N. de Chiméra, lieu ordinaire d'embarquement de la Grèce pour l'Italie.

Apollonie (Bolina), au N., près de l'Aoüs, où Octave, depuis Auguste, étudia les belles-lettres.

Epidamnum, puis *Dyrrachium* (Durazzo), au N., lieu d'exil de Cicéron (58 av. J. C.).

Lychnidus (Ochrida ou Ochri), au N.-O., près d'un lac d'où sortait le Drinus (221).

2° ILLYRIE PROPREMENT DITE.

224. L'Illyrie proprement dite (Dalmatie, Bosnie et Croatie), divisée par le Titius (211) en deux parties, la *Dalmatie* au S. et la *Liburnie* au N.[1], avait pour V. P. :

[1] De l'Illyrie proprement dite dépendaient plusieurs îles qui seront jointes à celles de la Grèce proprement dite (252).

1° Dans la DALMATIE :

Scodra (Scutari, l'Iskandérié des Turks), sur le lac *Labéatis* (lac de Scutari).

Dioclée, patrie de l'empereur Dioclétien (284 de J. C.).

Salone (ruines, près de Spalatro, l'ancienne Aspalathos), où Dioclétien, après avoir abdiqué l'empire (304 de J. C.), cultiva un jardin de ses propres mains.

2° Dans la LIBURNIE :

Iadéra (Zara), au N.-O. de Salone, sur la mer, C. des *Liburniens*.

Métulum (Metuc-Vetus), au N.-O., C. des *Iapydes*, qui, l'an 38 av. J. C., assiégés par Octave, aimèrent mieux se brûler que de se rendre.

II. MACÉDOINE.

225. Quelles étaient les bornes de la Macédoine? — 226. Quelles en étaient les montagnes et les rivières principales? — 227. Donnez quelques détails historiques sur la Macédoine. — 228. Comment se divisait la Macédoine? — 229. Que comprenait la Macédoine entre l'Illyrie et l'Axius, et quelles en étaient les villes principales? — 230. Que comprenait la Macédoine entre l'Axius et le Strymon, et quelles en étaient les villes principales? — 231. Quelles étaient les villes principales de la Macédoine entre le Strymon et le Nestus?

---

225. La MACÉDOINE (m. n., dans le Roum-Ili, vulgairement Roumélie ou Romélie) avait pour bornes :

Au N., la Dardanie ;

A l'O., l'Illyrie ;

Au S., la mer Égée, la Thessalie et l'Épire ;

A l'E., la Thrace.

226. La Macédoine était presque entourée de montagnes inaccessibles :

A l'O., les monts *Candaviens* (Bora) ;

Au N., les monts *Scardus* (Egri-Sou, Tcher-Dagh), d'où sortait l'*Axius* (Vardari).

A l'E., le mont *Scomius* (Caratova), d'où coulait le *Strymon* (Strouma ou Kara-Sou), et le mont *Pangée* (Castagnia), qui donnait naissance au *Nestus* (Mesto ou Indjé-Kara-Sou).

Au S., le mont *Athos* (Hagion-Oros ou Monte-Santo, nom qu'il tire de ses nombreux monastères).

II. MACÉDOINE.

227. La Macédoine resta 400 ans dans l'obscurité, depuis Caranus, son 1er roi (796 av. J. C.), jusqu'à Philippe II (360 av. J. C.), père d'Alexandre le Grand. Après la mort de ce dernier (323), la Macédoine passa à ses généraux, dont les descendants la possédèrent jusqu'à l'an 188 avant J. C., que Persée fut vaincu par Paul-Émile et son royaume réduit en province romaine.

228. La Macédoine se divisait en trois régions, d'après les trois fleuves Axius, Strymon et Nestus : 1° la *Macédoine entre l'Illyrie et l'Axius*; 2° la *Macédoine entre l'Axius et le Strymon*; 3° la *Macédoine entre le Strymon et le Nestus.*

1° MACÉDOINE ENTRE L'ILLYRIE ET L'AXIUS.

229. La MACÉDOINE ENTRE L'ILLYRIE ET L'AXIUS, qui comprenait la *Piérie et* l'*Émathie*, avait pour V. P. :

1° Dans la PIÉRIE :

Pydna, puis *Citron* (Kitro), sur la mer, près de laquelle Paul-Émile vainquit Persée (227).

Méthone, au N., au siége de laquelle Philippe eut l'œil droit crevé par une flèche que lui lança des murs un habile archer, Aster, qui y avait écrit : *Aster, à l'œil droit de Philippe* (353 av. J. C.)

2° Dans l'ÉMATHIE, où s'établit Caranus, fils de Phidon, roi d'Argos, et 11e descendant d'Hercule :

Pella (ruines, près d'Iénidjé-Vardar), au N. de Méthone, C. depuis Philippe II, et patrie d'Alexandre.

Édesse, puis *Æges* (ruines, près de Vodina), au N.-O., C. de Caranus à Philippe II, et lieu de la sépulture des rois.

2° MACÉDOINE ENTRE L'AXIUS ET LE STRYMON.

230. La MACÉDOINE ENTRE L'AXIUS ET LE STRYMON, qui com-

prenait l'*Amphaxitide*, la *Chalcidice propre* et la *presqu'île de Pallène*, avait pour V. P. :

1° Dans l'AMPHAXITIDE :

Therma, puis *Thessalonique* (Salonique, la Sélaniki des Turks), au S.-E. d'Edesse, sur le *golfe Thermaïque* (G. de Salonique). S. Paul adressa deux Épîtres à ses habitants.

2° Dans la CHALCIDICE PROPRE :

Stagire, sur le *golfe Strymonique* ou *Piérique* (Orphano ou Contessa), au N.-E. de Therma, patrie d'Aristote, précepteur d'Alexandre.

Olynthe (détruite), à l'O., sur le *golfe Toronaïque* (Hagios-Mamas), dont la destruction, opérée par Philippe, donna lieu aux harangues de Démosthène appelées *Olynthiennes.*

3° Dans la PRESQU'ÎLE DE PALLÈNE :

Potidée, célèbre par un siége de trois ans qu'elle soutint contre les Athéniens (430 av. J. C.).

3° MACÉDOINE ENTRE LE STRYMON ET LE NESTUS.

231. La MACÉDOINE ENTRE LE STRYMON ET LE NESTUS, où se trouvaient les féroces *Besses* et les belliqueux *Bisaltes*, avait pour V. P. :

Amphipolis, d'abord *Novem Viæ*, c.-à-d. les Neuf-Voies (Emboli), au N.-E. de Pallène, sur le Strymon; patrie du peintre Pamphile (4e s.) et du critique Zoïle (3e s.).

Philippes (ruines, près de Drama), au N.-E., où, l'an 42 av. J. C., Octave et Marc-Antoine défirent Brutus et Cassius, meurtriers de César. S. Paul y prêcha l'Évangile l'an 32 de J. C.; on a de lui une Épître aux Philippiens.

III. THRACE.

232. Quelles étaient les bornes de la Thrace? — 233. Quelles en étaient les montagnes et les rivières principales? — 234. Donnez quelques détails historiques sur la Thrace. — 235. Comment se divisait la Thrace? — 236. Quelles étaient les villes principales de la Thrace méridionale? —

237. De la Thrace septentrionale? — 238. De la Thrace orientale? — 239. De la Chersonèse de Thrace?

---

232. La THRACE (Roumélie) avait pour bornes :

Au N., le mont Hémus ;

A l'O., la Macédoine ;

Au S., la Propontide, l'Hellespont et la mer Égée ;

A l'E., le Pont-Euxin.

233. Les montagnes et les rivières principales de la Thrace étaient :

Le mont *Rhodope* (Despoto-Dagh), d'où sortaient l'*Hèbre* (Maritza) et l'*Artiscus* (Arda), son affluent ;

L'*Hémus*, d'où coulait le *Tonzus* (Tundja), affluent de l'Hèbre.

234. Les *Thraces*, peuple féroce, mais valeureux, furent soumis d'abord par Alexandre, puis par les Romains. Claude réduisit leur pays en province romaine (1er s. de J. C.), et Constantin y transporta le siége de l'empire (4e s.).

235. La Thrace se divisait en 4 contrées : 1° la *Thrace méridionale;* 2° la *Thrace septentrionale;* 3e la *Thrace orientale;* 4° la *Chersonèse de Thrace*, avec plusieurs îles (241).

1° THRACE MÉRIDIONALE.

236. La THRACE MÉRIDIONALE avait pour V. P. :

Abdère (Asperosa), au S.-E. de Philippes, chez les *Bistoniens*, à l'embouchure du Nestus, patrie du philosophe Démocrite, qui riait toujours (4e s. av. J.-C.).

Maronée (Marogna), à l'E., sur la mer, chez les *Cicones*. Le vin de ce pays était si fort, qu'il portait vingt fois autant d'eau.

2° THRACE SEPTENTRIONALE.

237. La THRACE SEPTENTRIONALE avait pour V. P. :

Philippopolis (Philippopoli, la Filibé des Turks), au N.-O. de Maronée, bâtie par Philippe, chez les Besses (231), près des sources de l'Hèbre.

Orestias, puis *Hadrianopolis* (Andrinople, l'Edernelı des Turks), chez les *Odryses*, au confluent de l'Artiscus, du Tonzus et de l'Hèbre (233). Adrien lui donna son nom, et Constantin y défit Licinius, l'an 323 de J. C.

3° THRACE ORIENTALE.

238. La Thrace orientale avait pour V. P. :

Dercon (Derkous), sur le Pont-Euxin, où commençait le mur élevé, l'an 507 par l'empereur Anastase, pour garantir de l'invasion des Barbares la ville de

Byzance, puis *Constantinople* (m. n. ; la Costantinié, Stamboul ou Istamboul, ou Ville de l'Islamisme des Turks), fondée par le Grec *Byzas*, qui lui donna son nom (658 av. J. C.), sur une pointe de terre entre la Propontide, le Bosphore de Thrace et le golfe de Chrysocéras ou Corne-d'Or, qui forme le plus beau port de l'univers. Constantin y fixa le siége de son empire (328 de J. C.). Le Croissant était le symbole de Byzance.

4° CHERSONÈSE DE THRACE.

239. La Chersonèse de Thrace avait pour V. P. :

Cardia (Caridia), au S.-O. de Byzance, à l'embouchure du Mélas, dans le golfe *Mélanes* (Saros); patrie d'Eumène, l'un des successeurs d'Alexandre.

Gallipolis (Gallipoli), au S., vers l'entrée septentrionale de l'Hellespont, auquel elle a donné son nom.

Sestos (Bovalli-Kalessié), au S.-O., vis-à-vis d'Abydos, en Asie, qui n'en est séparée que de 7 kilomètres (19).

Au N. de Sestos se jetait dans l'Hellespont l'*Ægos-Potamos* (fleuve de la Chèvre), près duquel Lysandre, général de Sparte, défit complétement la flotte athénienne, l'an 404 av. J. C., victoire qui mit fin à la guerre du Péloponnèse.

Art. 3. *Iles dépendantes de la Péninsule Hellénique.*

240. En combien de groupes se divisaient les îles qui dépendaient de la Péninsule Hellénique?

240. Les îles qui dépendaient de la Péninsule Hellénique se divisaient en 5 groupes :

1° Les *îles de la mer Egée proprement dite;* 2° les *îles de la mer Icarienne;* 3° l'*île de la mer de Crète;* 4° les *îles de la mer Ionienne;* 5° les *îles de la mer Adriatique* ou *îles Illyriennes.*

I. ILES DE LA MER ÉGÉE PROPREMENT DITE.

241. Quelles étaient les îles de la Thrace? — 242. Quelle était l'île de la Macédoine? — 243. Quelles étaient les îles de la Grèce septentrionale? — 244. Quelles étaient les îles de la Grèce centrale?

---

241. Les îles de la Thrace étaient :

Samothrace (Samotraki), au N.-O. de Sestos, patrie d'Aristarque, critique si judicieux, que son nom est devenu proverbial (2e s. de J. C.).

Lemnos (Limno ou Stalimène), au S.-O., où tomba Vulcain, précipité du ciel par Jupiter. Philoctète y fut abandonné par les Grecs.

Imbros (Imbro), au N.-E.

242. L'île de la Macédoine était :

Thasos (Thasso), au N.-O. d'Imbros, patrie du peintre Polygnote (5e s.).

243. Les îles de la Grèce septentrionale étaient :

Scyathos (Skiato), au S.-O. de Thasos; *Scopélos* (Skopélo), à l'E.; *Halonnésos* (Dromi), au N.-E.; *Péparéthos* (Pipéri), au N.-E.

244. Les îles de la Grèce centrale étaient :

Eubée (Négrepont), au S.-O. de Péparéthos, séparée du continent par le détroit de l'Euripe, et dont les V. P. étaient : *Chalcis* (Négrepont, Egriboz), C., vis-à-vis d'Aulis en Béotie (204); *Érétrie* (ruines, Palæo-Castro), au S.-E., détruite par les Perses, qui en transportèrent tous les habitants en Susiane (490 av. J. C.).

Scyros (Skyros), à l'E. d'Eubée, patrie de Phérécyde,

maître de Pythagore. Achille y séjourna quelque temps, sous le déguisement d'une fille, à la cour du roi Lycomède.

II. ILES DE LA MER ICARIENNE.

245. Que comprenaient les îles de la mer Icarienne? — 246. Quelles étaient les principales Cyclades? — 247. Quelles étaient les quatre Sporades grecques? — 248. Quelles étaient les îles principales des côtes orientales de l'Hellade et du Péloponnèse?

---

245. Les îles de la mer Icarienne comprenaient : 1° les CYCLADES, ainsi nommées de ce qu'on les croyait rangées circulairement (*cyclos*, cercle), autour de Délos, au nombre de 53 ; 2° les 4 SPORADES GRECQUES ; 3° les îles des côtes orientales de l'Hellade et du Péloponnèse.

246. Les principales Cyclades étaient :

Andros (Andro), au S. de Scyros.

Délos (Délos, Dilès), au S.-E., patrie d'Apollon et de Diane; d'où vient que son territoire était regardé comme sacré, et qu'on ne pouvait y faire la guerre ni y enterrer les morts.

Paros (Paro), au S., avec de beaux marbres blancs, patrie du poëte satirique Archiloque (8e s. av. J. C.).

Naxos (Naxia), à l'E., la plus grande et la plus fertile des Cyclades, surtout en excellent vin. De là vient qu'elle était consacrée à Bacchus, qui y trouva Ariane abandonnée sur un rocher par Thésée.

Mélos (Milo), au S.-O., patrie de l'athée Diagoras (5e s. av. J. C.).

Siphnos ou *Siphantos* (Siphno ou Siphanto), au N.-E., île très-fertile.

Sériphos (Serpho), au N.-O., stérile, lieu d'exil pour les Romains. Ce n'est qu'un rocher dont Persée, dit la Fable, avait pétrifié les habitants en leur montrant la tête de Méduse.

Céos (Zéa), au N., patrie de Simonide, poëte élégiaque, et de Bacchylide, son neveu, poëte lyrique (6e s.).

247. Les 4 Sporades grecques étaient :

Astypalæa (Stampalia), au S.-E. de Naxos; ***Anaphè*** (Anaphia ou Nanphi), au S.-O.;

Théra (Santorin), à l'O., formée, comme Anaphè, par un volcan sous-marin;

Ios (Nio), où mourut Homère.

248. Les îles principales des côtes orientales de l'Hellade et du Péloponnèse étaient :

Hélène ou ***Macris***, c.-à-d. île Longue (Macronisi), à l'E. et près de l'Attique.

Salamine (Colouri), au fond du golfe Saronique (196), patrie d'Ajax et de Teucer, fils de Télamon, roi de l'île. Cette île est à jamais mémorable par le combat naval où les Grecs vainquirent Xerxès, l'an 480 av. J. C. Euripide, poëte tragique, y naquit cette année même.

Égine (m. n.), au S.-O., dans le même golfe, où régnait le juste Éaque, dont la Fable a fait un juge des enfers.

Calauria (Calouria), où s'empoisonna Démosthène (322 av. J. C.), pour échapper au roi de Macédoine Antipater.

III. ILE DE LA MER DE CRÈTE.

249. Par quoi l'île de Crète était-elle célèbre? — 250. Quelles en étaient les villes principales?

---

249. L'île de Crète (Candie), traversée par l'*Ida* (Psiloriti), était célèbre par la naissance et la mort de Jupiter, par ses cent villes et par les lois équitables de Minos, juge des enfers avec Rhadamanthe, son frère, et le roi d'Égine, Éaque (248).

250. Les V. P. de la Crète étaient :

Cydonie (la Canée), au N.-O., grand port.

Cnosse (ruines, près de Candie ou Kirid), au S.-E., C. et résidence de Minos; non loin de Cnosse était le fameux *labyrinthe de Crète.*

Gortyne (ruines, Hagios-Déka, village), au S.-O., dont la vaste caverne se confond à tort avec le labyrinthe de Cnosse.

IV. ILES DE LA MER IONIENNE.

251. Quelles étaient les îles principales de la mer Ionienne?

---

251. Les îles principales de la mer Ionienne étaient :

Cythère (Cérigo), au N.-O. de Crète, à l'entrée du golfe Laconique; elle était consacrée à Vénus, appelée de là *Cythérée.*

Les *Strophades* (Strivali), vis-à-vis de la Triphylie (195), séjour des Harpyies.

Zacynthe (Zante), au N., vis-à-vis de l'Élide propre (195), dépendante des États d'Ulysse.

Céphallénie (Céphalonie), au N., autre dépendance des États d'Ulysse, sous lequel elle s'appelait *Samè.* Ses vignobles étaient estimés pour leur muscat et les raisins que nous nommons *raisins de Corinthe.*

Ithaque (Théaki), la même que *Dulichium*, patrie et résidence d'Ulysse.

Leucade ou *Leucate* (Ste-Maure), avec un promontoire de même nom (cap Ducato), d'où se jetaient dans la mer les personnes atteintes d'une passion malheureuse; ce qui le fit appeler le *saut de Leucade.*

Corcyre (Corfou), au N.-O., avec une C. de même nom. C'est la *Phéacie* d'Homère, qui fait une description si brillante des jardins d'Alcinoüs, roi de l'île et contemporain d'Ulysse.

Othonos ou *Calypsus* (Fano), au N., où résidait la déesse *Calypso*, qui y retint longtemps Ulysse.

V. ILES DE LA MER ADRIATIQUE OU ILES ILLYRIENNES.

252. Quelles étaient les principales îles de la mer Adriatique?

---

252. Les principales îles de la mer Adriatique étaient :

Mélitè (Méléda), au N.-O. de Calypsus, où S. Paul aborda,

dit-on, après son naufrage. Il ne faut pas la confondre avec Mélite (Malte, 301).

Pharos (Lésina), au N., où Paul-Émile vainquit Démétrius, dit de Pharos (219 av. J. C.).

Les *Absyrtides*, ainsi nommés d'*Absyrte*, qui, poursuivant Médée, sa sœur (115), fut mis par elle en pièces sur les côtes d'Illyrie. Ces îles étaient : *Arba* (Arbe); *Curicta* (Veglia), au N.-E.; *Crespa* (Cherso), au S.-O., non loin des côtes de l'Histrie, province de la Péninsule Italique.

2e RÉGION. — PÉNINSULE ITALIQUE.

253 Quelles étaient les bornes de la Péninsule Italique? — 254. Quelles en étaient les divisions générales? — 255. Quels noms différents a portés l'Italie? — 256. Donnez quelques détails historiques et physiques sur l'Italie.

---

253. La PÉNINSULE ITALIQUE avait pour bornes :

Au N., les Alpes Rhétiques et Pennines (mont Blanc, Saint-Bernard, Rosa, Simplon, Saint-Gothard);

Au N.-O., les Alpes Grecques et Cottiennes (mont Cenis, etc.) et les Alpes Maritimes;

A l'E., la mer Adriatique, les monts Albius et les Alpes Juliennes ou Carniques;

Au S., le détroit de Sicile (phare de Messine);

A l'O., la mer Tyrrhénienne (mer de Sicile).

254. La Péninsule Italique se divisait en 3 parties :

1° la région septentrionale ou *Gaule Cisalpine;* 2° la région méridionale ou *Presqu'île Italique proprement dite;* 3° les *Iles* dépendantes de l'Italie.

255. L'Italie s'appela d'abord *Saturnie*, parce qu'elle servit de retraite à *Saturne*, chassé de Crète par son fils Jupiter; puis *Ausonie*, des *Ausones*, et *Œnotrie*, des *Œnotriens*, qui y dominèrent tour à tour; enfin *Italie*, d'*Italus*, petit-fils d'Ulysse. Les Grecs la nommaient *Petite Hespérie* [1], de sa position occidentale par rapport à la Grèce.

[1] Le nom de *Grande Hespérie* était réservé à l'Espagne (309).

256. L'Italie fut anciennement gouvernée par des rois. Rome, fondée l'an 753 av. J. C., n'eut, sous la royauté, qu'un petit territoire (753-509 av. J. C.). Sous le consulat, elle soumit peu à peu toute la Péninsule, sans compter beaucoup d'autres pays (509-30 av. J.-C.); les empereurs continuèrent ces conquêtes, qui finirent par embrasser presque tout le monde connu des Anciens. L'an 395 de J. C., l'empire romain fut partagé en deux : celui d'Occident, dont le siége était Rome, et celui d'Orient, avec Constantinople pour capitale. Le premier finit en 476 par l'invasion des Barbares du nord, le second en 1453 par l'invasion des Turks-Ottomans.

La Péninsule Italique est la région de l'Europe la plus heureuse pour la douceur du climat et pour la fertilité des terres.

Art. 1er. *Gaule Cisalpine.*

257. Quelle était la position de la Gaule Cisalpine? — 258. Comment se divisait-elle? — 259. Quelles étaient les principales rivières de la Gaule Transpadane? — 260. Que renfermait la Gaule Transpadane, et quelles en étaient les villes principales? — 261. Quelles étaient la position et la division de la Vénétie? — 262. Quelles en étaient les villes principales? — 263. Quelles étaient les principales rivières de la Gaule Cispadane? — 264. Que renfermait la Gaule Cispadane, et quelles en étaient les villes principales? — 265. Quelle était la position de la Ligurie? — 266. Que renfermait la Ligurie, et quelles en étaient les villes principales?

---

257. La Gaule Cisalpine, ainsi nommée des *Gaulois* qui vinrent s'établir *en deçà des Alpes* par rapport à Rome (*), occupait tout le nord de l'Italie jusqu'au *Rubicon* (Fiumesino). Elle était traversée, de l'E. à l'O., par le *Padus* (le

[1] Et aussi pour la distinguer de la Gaule Transalpine (Gaule au delà des Alpes, ou Gaule proprement dite, 321).

Pô), jadis l'*Eridan*, où tomba Phaéton, fils du Soleil, foudroyé par Jupiter.

258. La Gaule Cisalpine était divisée par le Padus en 2 parties : 1° la *Gaule Transpadane* (au delà du Pô), avec la *Vénétie*, à l'E.; 2° la *Gaule Cispadane* (en deçà du Pô), avec la *Ligurie*, à l'O.

I. GAULE TRANSPADANE.

259. La GAULE TRANSPADANE (presque tout le Piémont, *royaume Sarde*, et partie du royaume Lombard-Vénitien, *Autriche*), avait pour rivières principales :

L'*Athésis* (Adige) et le *Ticinus* (Tésin ou Tessin), théâtre de la première victoire d'Hannibal (217 av. J. C.).

260. La Gaule Transpadane renfermait 5 peuples principaux : les *Taurins*, les *Léviens*, les *Insubriens*, les *Orobiens*, les *Cénomans*, et avait pour V. P. :

1° Chez les TAURINS :

Taurasie, puis *Augusta Taurinorum* (Turin, Torino), sur le Pô.

2° Chez les LÉVIENS :

Ticinum, puis *Papia* (Pavie), au S.-E., sur le Tessin, C. des rois lombards, l'an 573 de J. C.

3° Chez les INSUBRIENS, descendants des Gaulois, que Bellovèse conduisit en Italie (330), l'an 587 av. J. C. :

Mediolanum (Milan), au N., la 1re ville de la Cisalpine, patrie du poëte comique Cécilius (2e s. av. J. C.) et de l'historien Valère Maxime. S. Ambroise fut évêque de Milan dans le 4e s. de J. C.

A 12 kilom. de Milan se trouvaient les champs *Raudiens* (Rhô), célèbres par la victoire de Marius sur les Cimbres (101 av. J. C.).

4° Chez les OROBIENS :

Comum (Côme), au N., sur le lac *Larius* (Côme), patrie de Pline le Jeune (1er s. de J. C.).

5° Chez les CÉNOMANS, sortis de *Cenomani* (le Mans), dans la Gaule Transalpine (349) :

Cremona (Crémone), sur le Padus, près de sa jonction avec l'*Addua* (Adda).

Mantua (Mantoue), à l'E., près du lac que forme le *Mincius* (Mincio). Virgile, surnommé le *Cygne de Mantoue*, naquit à *Andes* (Fiésola), village voisin.

261. La Vénétie (gouvernement de Venise, *Lombard-Vénitien;* S. du royaume d'Illyrie, *Autriche*) comprenait l'E. de la Gaule Transpadane, depuis le lac *Bénacus* (Garda), à l'O., jusqu'au fleuve Arsia (220), au S.-E. La Vénetie comprenait la *Vénétie propre*, la *Carnie* et l'*Histrie*.

262. La Vénétie avait pour V. P. :

1° Dans la Vénétie propre :

Verona (Vérone), sur l'Athésis, au N.-E. de Mantoue, avec un amphithéâtre pour 22,000 spectateurs, le mieux conservé de tous ceux d'Europe; patrie du poëte élégiaque Catulle, de l'architecte Vitruve et de Pline l'Ancien, célèbre naturaliste.

Hadria ou *Adria* (m. n.), au S.-E., d'où la mer Adriatique a tiré son nom.

Patavium (Padoue), au N.-O., patrie de l'historien Tite Live.

Portus Veneticus (Venise), au N.-E. de Padoue, simple port des Vénètes, où, l'an 452 de J. C., quelques habitants, fuyant l'invasion d'Attila, bâtirent des cabanes dans 72 îles dont la réunion forma Venise.

2° Dans la Carnie (Carniole):

Aquilée (ruines), au N.-E. de Venise, surnommée la *Seconde Rome*, sous les empereurs, et détruite par Attila (452 de J. C.).

3° Dans l'Histrie (Istrie) :

Tergeste (Trieste), au S.-E. d'Aquilée, au fond du golfe de ce nom.

II. GAULE CISPADANE.

263. La Gaule Cispadane (partie des États de l'Église, duchés de Modène, de Parme et de Plaisance) avait pour rivières principales :

La *Trébie* (Trebbia), théâtre de la seconde victoire d'Hannibal en Italie;

Le *Rhénus* (Réno), témoin du second triumvirat formé, l'an 44 av. J. C , entre Octave, Antoine et Lépide;

Le *Rubicon* (256), limite de la Gaule Cisalpine, que les généraux romains ne pouvaient passer avec leur armée sans le consentement du sénat.

264. La Gaule Cispadane renfermait 4 peuples principaux, les *Lingons*, les *Sénonais*, les *Boïens*, les *Anamans*, et avait pour V. P. :

1° Chez les LINGONS, sortis du territoire de Langres:

Forum Allieni (Ferrare), au S.-O. de Tergeste.

2° Chez les SÉNONAIS, sortis du territoire de Sens :

Ravenna (Ravenne), au S.-E. de Ferrare, près de la mer Adriatique, résidence des empereurs, pendant que Rome était occupée par les Barbares (5e s. de J. C.), et par suite, celle de l'exarque ou gouverneur des possessions occidentales de l'Empire d'Orient.

3° Chez les BOÏENS, sortis du Bourbonnais;

Bononia (Bologne), au N.-O. de Ravenne, fondée par les Etrusques, sous le nom de *Felsina.*

Mutine (Modène), au N.-O. sur le *Gabellus* (Secchia), vainement assiégée par Marc-Antoine dans la guerre dite *de Modène.*

Parme (m. n.), au N.-O., sur la *Parma* (m. n.), patrie de Cassius, l'un des meurtriers de César, et de Macrobe, érudit du 5e siècle.

4° Chez les ANAMANS :

Placentia (Plaisance ou Piacenza), au N.-O. de Parme, ainsi nommée de sa position charmante sur le Pô.

265. La LIGURIE (partie du Piémont) s'étendait autour du *golfe Ligustique* (G. de Gênes) jusqu'à la *Macra* (Magra).

266. La Ligurie, resserrée par l'Apennin (m. n.), renfermait 4 peuples principaux : les *Statielles*, les *Intéméliens*, les *Ingaunes*, les *Apuans*, et avait pour V. P. :

1° Chez les STATIELLES :

Dertona (Tortone), au S.-O. de Plaisance, près de laquelle Marcellus tua Viridomar, roi des Insubriens (222 av. J. C.)

2° Chez les INTÉMÉLIENS:

Herculis Monœci Portus (Monaco), au S.-O. de Dertona, sur le golfe Ligustique.

Albium Intémélium (Vintimille).

3° Chez les INGAUNES :

Génua (Gênes), au N.-E. de Monaco, sur le même golfe, qui devint, sous l'Empire, la ville la plus grande et la plus riche de la Ligurie.

4° Chez les APUANS :

Portus Veneris (Porto-Venere), à l'E., à l'entrée d'un petit golfe que sa forme de croissant faisait appeler *Portus Lunensis.*

ART. 2. *Presqu'île Italique proprement dite.*

267. Comment se divisait la Presqu'île Italique proprement dite?

---

267. La PRESQU'ILE ITALIQUE PROPREMENT DITE se divisait en deux parties : 1° l'*Italie propre ;* 2° la *Grande Grèce.*

I. ITALIE PROPRE.

268. Quelle était la position de l'Italie propre? — 269. Quelles en étaient les divisions? — 270. Donnez quelques détails historiques sur l'Étrurie. — 271. Que renfermait l'Étrurie, et quelles en étaient les villes principales? — 272. Quelles étaient la position et la rivière principale de l'Ombrie? — 273. Que renfermait l'Ombrie, et quelles en étaient les villes principales? — 274. Quelle était la position du Picénum? — 275. Que renfermait le Picénum, et quelles en étaient les villes principales? — 276. Quelle était la position du Samnium, et que savez-vous des Samnites? — 277. Que renfermait le Samnium, et quelles en étaient les villes principales? — 278. Donnez quelques détails historiques sur le Latium? — 279. Comment se divisait le Latium? — 280. Quelles étaient les villes principales de la Sabine? — 281. Du vieux Latium? — 282. Que renfermait le nouveau La-

tium, et quelles en étaient les villes principales? — 283. Quelle était la position de la Campanie, et quel était le surnom donné à cette contrée? — 284. Quelles en étaient les villes principales?

---

268. L'Italie propre occupait tout le centre de la Péninsule Italique, depuis la Macra et le Rubicon jusqu'au *Fronto* (Fortore) et au *Silarus* (Sele).

269. L'Italie propre se divisait en 6 contrées principales : l'*Étrurie*, l'*Ombrie*, le *Picénum*, le *Samnium*, le *Latium* et la *Campanie*.

1° ÉTRURIE.

270. L'Étrurie (duché de Lucques, presque tout le grand-duché de Toscane, partie des États de l'Église) était habitée par les *Thyrrènes* ou *Tusques* (*), divisés en 12 États indépendants ou *Lucumonies*, dont les chefs s'appelaient *Lucumons*. Ils ne se soumirent à Rome qu'après deux cents ans de lutte (3e s. av. J. C.).

Les Étrusques étaient passionnés pour les arts (**), mais surtout pour la science des augures et des aruspices.

271. L'Étrurie renfermait 12 peuples : les *Volaterrans*, les *Russellans*, les *Vétuloniens*, les *Tarquiniens*, les *Cérètes*, les *Véiens*, les *Falisques*, les *Vulsiniens*, les *Clusins*, les *Pérusins*, les *Cortoniens*, les *Arrétins*, et avait pour V. P. :

1° Chez les Volaterrans :

Volaterres (Volaterra), au S.-E. de Porto-Venere, C., patrie de Perse, poëte satirique (1er s. de J. C.).

Luca (Lucques), au N.-O., sur l'*Auser* (Serchio).

Pises (Pise), au S.-O., sur l'*Arnus* (Arno).

Portus Herculis Liburni (Livourne), au S.-O.

2° Chez les Russellans :

[1] D'où *Tuscie, Toscans, Étrurie, Étrusques.*

[2] On leur doit un ordre d'architecture qui porte leur nom : l'*ordre toscan.*

Russelles (Roselle), au S.-E. de Livourne, C., non loin de l'*Umbro* (Ombrone).

Télamone, au S., théâtre d'une sanglante défaite des Gaulois, 225 av. J. C.

3° Chez les VÉTULONIENS :

Vétulonies(ruines, Torre-Vecchia), C., au S. de Télamone.

4° Chez les TARQUINIENS :

Tarquinies (Nécropolis, près de Cornéto), au S.-E. de Vétulonies, C., patrie adoptive du Corinthien Démarate, père de *Tarquin* l'Ancien, roi de Rome (614 av. J. C.).

Centumcelles ou *Port de Trajan* (Civita-Vecchia), au S.-O., port construit par Trajan.

5° Chez les CÉRÈTES :

Céré (Cer-Veteri), au S.-E., C. de l'impie Mézence, tué par Énée.

6° Chez les VÉIENS :

Véies (ruines, près d'Isola), C., à 16 kil. N.-O. de Rome, détruite par Camille, après un siége de dix ans (402 av. J. C.).

7° Chez les FALISQUES :

Faléries (Falari), au N. de Véies, C., connue par le trait du maître d'école que Camille renvoya d'une manière ignominieuse.

A l'E. de Faléries se trouvait le lac *Vadimon* (Bassano), célèbre par une victoire des Romains sur les Gaulois Sénonais (274 av. J. C.).

8° Chez les VULSINIENS :

Vulsinies (Bolséna), au N. de Faléries, C., sur le lac de même nom, patrie d'Ælius Séjan, favori de Tibère (1er s. av. J. C.).

9° Chez les CLUSINS :

Clusium (Chiusi), au N. de Vulsinies, C. du roi Porsenna, au milieu des marais formés par la *Clanis* (Chiana), où Hannibal perdit un œil.

10° Chez les PÉRUSINS :

Pérusia ou Pérouse (m. n.), à l'E. de Clusium, C., près du *lac Trasimène* (lac de Pérouse), où le consul Flaminius fut défait par Hannibal (217 av. J. C.).

11° Chez les CORTONIENS :

Cortona (Cotrone), C., au N.-O. de Pérouse.

12° Chez les ARRÉTINS :

Arrétium (Arezzo), au N.-O. de Cortona, C., sur l'Arnus.

Florentia (Florence), au N.-O., sur l'Arnus.

Pistoria (Pistoie), au N.-O., où périt le conspirateur Catilina.

2° OMBRIE.

272. L'OMBRIE (partie des États de l'Église), séparée de l'Étrurie par le *Tibre* (m. n. ou Tevere), s'étendait depuis ce fleuve jusqu'à la mer Adriatique. Elle était arrosée par le *Métaurus* (Métauro), théâtre d'une défaite d'Hasdrubal, frère d'Hannibal (207 av. J. C.).

273. L'Ombrie renfermait 2 peuples principaux : les *Sénonais* et les *Ombriens*, et avait pour V. P. :

1° Chez les SÉNONAIS :

Ariminium (Rimini), au N.-E. de Pistoria, la première ville dont s'empara César, après avoir passé le Rubicon (263), action qui fut le signal de la guerre civile.

Sarsina (m. n.), au S.-O., patrie de Plaute, poëte comique (3e s. av. J. C.).

Séna-Gallica (Sinigaglia), fondée par les Sénonais.

2° Chez les OMBRIENS :

Sentinum (Sasso-Ferrato), au S.-O. de Séna-Gallica, théâtre d'une grande victoire des Romains sur les Sénonais et les Samnites (295 av. J. C.).

Mévania (Bévania), au S.-O., patrie de Properce, poëte élégiaque (1er s. av. J. C.).

Améria (Amélia), au S.-O., patrie de l'habile comédien Sextus Roscius, qui, accusé de parricide par les meurtriers mêmes de son père, dut son salut à l'éloquence de Cicéron.

Narnia (Narni), au S., patrie de l'empereur Nerva (1er s. de J. C.).

Interamnia Nartis (Terni), entre deux bras du *Nar* Néra), patrie de l'historien Tacite (1er s. de J. C.) et de l'empereur de ce nom (3e s.).

3° PICÉNUM.

274. Le Picénum (partie des États de l'Église ; Abruzze Ultérieure 1re, *royaume de Naples*), à l'O. de l'Ombrie, s'étendait de l'*Æsis* (Esino) à l'*Aternum* (Pescara).

275. Le Picénum renfermait 2 peuples principaux, les *Picentes* et les *Prétutiens*, et avait pour V. P. :

1° Chez les Picentes :

Ancône (m. n.), au N.-E. d'Interamnia, C., avec un bon port sur la mer Adriatique, construit par Trajan.

2° Chez les Prétutiens :

Hadria ou *Adria* (Atri), au S.-E. d'Ancône), C., patrie de l'empereur Adrien (2e s. de J. C.).

4° LE SAMNIUM.

276. Le Samnium ou pays des Samnites (partie du royaume de Naples) s'étendait au N.-E. du Latium, le long de la mer Adriatique. Puissants et belliqueux, les Samnites résistèrent cinquante-cinq ans (343-290 av. J. C.) à tous les efforts des Romains.

277. Le Samnium renfermait 4 peuples principaux : les *Hirpins*, les *Samnites proprement dits*, les *Pélignes*, les *Marses*, et avait pour V. P. :

1° Chez les Hirpins :

Bénéventum (Bénévent), au S.-E. d'Hadria, où les Romains battirent Pyrrhus, roi d'Épire (276 av. J. C.).

Caudium (Ariola), au N.-O., village près duquel se trouvait le défilé des *Fourches Caudines*, où les Samnites firent passer une armée romaine sous le joug (322 av. J. C.).

2° Chez les Samnites proprement dits :

Bovianum (Boïano), au N.-O. de Caudium, théâtre d'une grande défaite des Samnites (299 av. J. C.).

Alifes (Alifi), au N.-O., sur le *Vulturne* (Voltorno), où Fabius fit passer à son tour les Samnites sous le joug (308 av. J. C.).

3° Chez les Pélignes :

Sulmone (m. n. ou *Solmona*), au N.-O. d'Alifes, patrie du poëte Ovide (1er s. av. J. C.).

4° Chez les MARSES, peuple belliqueux dont on disait que l'*on n'avait jamais triomphé des Marses ni sans les Marses*.

Marrubium (ruines, San-Benedetto), au S.-O. de Sulmone, au bord du lac *Fucin* (Celano), C.

5° LATIUM.

278. Le LATIUM (partie des États de l'Église et de Naples), ne comprenait, en 753, que les Latins soumis aux descendants d'Énée, sous le nom de *Vieux Latium*. Par les victoires des Romains sur les Sabins, les Èques, les Volsques, les Herniques et les Aurunces, il s'étendit jusqu'au *Liris* (Garigliano).

279. Le Latium se divisait en 3 parties : 1° la *Sabine* ou pays des *Sabins ;* 2° le *Vieux Latium*, au N.-O ; 3° le *Nouveau Latium*, au S.-O.

280. La SABINE ou pays des *Sabins*, nation laborieuse et sage, avait pour V. P. :

Réate (Rieti), au N.-O. de Marrubium, sur le *Vélinus* (Velino), 1re C. — Vespasien, né à *Phalacrine* (Val-Falacrina), mourut à Réate.

Cures (Correse), au S.-O., 2e C., résidence de Tatius, collègue de Romulus, et patrie de Numa Pompilius, second roi de Rome (714 av. J. C.).

Nurcia (Nocéra), au N.-E., patrie de Sertorius (1er s. av. J. C.).

Amiterne (ruines, San-Vittorino), à l'E., patrie du célèbre historien Salluste.

Nomentanum (Lamentana), au S.-E., sur l'*Allia* (Aia), où les Romains furent battus par les Gaulois, qui prirent Rome 390 av. J. C.).

281. Le VIEUX LATIUM avait pour V. P. :

Rome, sur le Tibre, C. de l'Italie, de l'empire romain et de l'univers, bâtie sur sept collines, savoir : les monts *Palatin*, *Capitolin*, *Quirinal*, *Cælius*, *Aventin*, *Esquilin* et *Viminal*, auxquels furent ajoutés par la suite le *Janicule* et le *Vatican*, sur la rive gauche du Tibre. Dans le Forum ou *Place publique* (Campo Vaccino) s'élevait la colonne milliaire dorée, d'où partaient 13 grandes routes. Le Champ de Mars était hors des murs. Le *Môle* ou *Mausolée d'Adrien* (Château Saint-Ange) fut construit par l'empereur de ce nom.

Collatie (détruite), au N.-E., près de l'*Anio* (Teverone), demeure de Tarquin Collatin, époux de Lucrèce.

Lanuvium (Civita-Lavinia), au S.-E., patrie de l'empereur Antonin le Pieux (2e s. de J. C.).

Tibur (Tivoli), au N.-E., sur l'Anio, célèbre par ses belles cascades, et bordé de maisons de campagne. Horace y en avait une.

Præneste (Palestrina), au S.-E., patrie d'Élien, qui a écrit en grec l'histoire des animaux et des mélanges historiques (3e s. de J. C.).

Laurentum (Torre di Paterno), à l'O., C. du roi Latinus, avec qui Énée fit alliance; — *Lavinium* (Pratica), au S., fondée par Énée, en l'honneur de *Lavinie*, sa femme et fille de Latinus.

Albe la Longue (Palazzuolo), au S.-E., fondée par Ascagne, fils d'Énée. Tullus Hostilius, 3e roi de Rome, la détruisit après la victoire du jeune Horace sur les trois Curiaces (670 av. J. C.).

Ostie (m. n.), à l'embouchure orientale du Tibre, port de Rome jusqu'à Claude, qui construisit sur l'autre embouchure le *Port d'Auguste* (Porto).

Ardéa (Ardia), au S.-E., C. des Rutules, dont le roi Turnus fut tué par Énée.

Tusculum (Frascati), non loin du lac Régille, patrie de Cincinnatus (5e s.) et de Caton le Censeur (3e s. av. J. C.). Cicéron y avait une maison de campagne appelée *Tusculanum*, où il composa ses *Tusculanes*.

282. Le Nouveau Latium comprenait 4 peuples principaux : les *Èques*, les *Volsques*, les *Herniques*, les *Aurunces*, et avait pour V. P. :

1° Chez les Èques, soumis l'an 303 av. J. C. :

Alba Fucentis (Albi), au N.-E. de Nomentanum, près du lac Fucinus, où l'on gardait les rois faits prisonniers à la guerre.

2° Chez les VOLSQUES, soumis l'an 329 av. J. C.:

Sétia (Sezza), au S.-O. de Tusculum, près de l'*Ufens*, dont les débordements produisirent les *Marais Pomptins*.

Suessa Pométia, C., ensevelie dans ces marais.

Coriole (Piano di Voce, récemment découverte), dont la prise valut à C. Marcius le surnom de *Coriolan* (494 av. J. C.).

Antium (Anzio), au S.-O. sur la mer, avec un temple célèbre de la Fortune; patrie de Néron et de Caligula.

Anxur, puis *Terracine* (Terracina), au S.-E., à l'extrémité méridionale des Marais Pomptins.

Arpinum (Arpino), au N.-E., patrie de Marius et de Cicéron.

Casinum (San-Germano), au S., sur le flanc du *mont Cassin*, où Saint-Benoît fonda, l'an 529 de J. C, un célèbre monastère.

Aquinum (Aquino), au S.-E., patrie de Juvénal, poëte satirique (1er s. de J. C.).

3° Chez les HERNIQUES :

Anagnia (Anagni), au N. d'Aquinum, C.; — *Alatrium* (Alatri), patrie du célèbre Fabricius (3e s. av. J. C.).

4° Chez les AURUNCES :

Minturnes (ruines, près de Trajetto), au S. d'Alatrium, à l'embouchure du Liris, dans les marais duquel Marius, proscrit par Sylla, se cacha longtemps.

Caiète (Gaëte), au S., avec un bon port. Cicéron fut tué près de cette ville par le tribun Popilius (43 av. J. C.).

6° CAMPANIE.

283. La CAMPANIE (Terre de Labour, *roy. de Naples*), entre le Liris, l'Apennin, le Silarus et la mer Tyrrhénienne, était appelée l'*Heureuse* et le *Jardin de l'Italie*.

284. La Campanie avait pour V. P. :

Sinuesse (ruines, Rocca de Mondragone), au S.-E. de Caiète, au pied du mont *Massique* (Massico), célèbre par ses vins, comme le territoire de Falerne.

Capoue (m. n., à 4 kilom. N.-O. de l'ancienne), près du Vulturne, C., fameuse par le luxe et la mollesse de ses habitants. On a dit faussement que les *délices de Capoue* avaient fait perdre à Hannibal la conquête de R '215 av. J. C.).

Literne (Torre di Patria), au S.-O., où mourut Scipion l'Africain, vainqueur d'Hannibal (183 av. J. C.).

Cumes (m. n.), au S.-O., près de la mer, fameuse par sa Sibylle. Énée y aborda en arrivant en Italie.

Putéoles (Pouzzole), près des *champs Phlégriens* ou Brûlants, où l'on trouve encore la *Solfatara* (soufrière), montagne brûlante.

Misène (Capo-Miseno), près du lac *Lucrin* et du lac *Averne* (Averno), l'une des entrées des enfers.

Baïes (Bayes ou Baia), sur le golfe de ce nom, avec des sources thermales et de nombreuses maisons de campagne.

Néapolis (Naples), au N.-E., fondée par les Grecs, sous le nom de *Parthénope ;* patrie de l'historien Velléius Paterculus et du poëte Stace (1er s. de J. C.). Virgile y finit ses Géorgiques, y commença son Énéide et y fut enterré. On voit encore son tombeau près du mont Pausilippe.

Au S.-E. de Naples se trouve le *Vésuve,* dont la première éruption connue, arrivée l'an 79 de J. C., fut précédée et accompagnée d'un tremblement de terre qui renversa plusieurs villes, entre autres :

Pompéia (près de Torre dell' Annunziata), à 8 kilom. du Vésuve; à moitié détruite l'an 63 de J. C. par un tremblement de terre, elle fut, seize ans après, engloutie par les cendres et la lave du Vésuve ; — *Herculanum* (près de Portici) ; — *Stabies* (sous Castellamare), où Pline l'Ancien fut étouffé par la vapeur, en voulant remarquer le phénomène de l'éruption.

Nole (m. n.), à l'E. de Naples, où mourut Auguste (14 de J. C.).

Salerne (m. n.), au fond du *golfe de Pæstum* (G. de Salerne), célèbre école de médecine au 5e s. de J. C.

II. GRANDE GRÈCE.

285. Quelle était la position de la Grande Grèce, et quels en étaient les principaux pays? — 286. Quelles étaient la

position et la division de l'Apulie? — 287. Quelles en étaient les villes principales? — 288. Quelle était la position de la Messapie? — 289. Quelles en étaient les villes principales? — 290. Quelle était la position de la Lucanie? — 291. Quelles en étaient les villes principales? — 292. Quelle était la position de Bruttium? — 293. Quelles en étaient les villes principales?

La Grande Grèce (partie méridionale du royaume de Naples), ainsi nommée des nombreuses colonies grecques qui la peuplèrent, s'étendait depuis le Fronto jusqu'au détroit de Sicile. On y distinguait 4 pays principaux : l'*Apulie*, la *Messapie*, la *Lucanie* et le *Bruttium*. Les deux premières contrées étaient appelées *Iapygie* par les Grecs.

1° APULIE.

286. L'Apulie ou la Pouille (Capitanate, N.-E. de la Basilicate, Terre de Bari), qui s'étendait entre la mer Adriatique, la Messapie et la Lucanie, renfermait la *Daunie*, au N.-O., et la *Peucétie* au S.-E.

287. L'Apulie avait pour V. P. :

1° Dans la Daunie, péninsule du mont *Garganus* (Gargano) :

Vénusie (Venosa), au N.-E. de Salerne, patrie d'Horace (1er s. av. J. C.).

Asculum (Ascoli), au N.-O., théâtre d'une sanglante bataille entre les Romains et Pyrrhus (279 av. J. C.).

Arpi (vestiges, près de Manfrédonia), au N., C.

Cannes (ruines, près de Barletta), au S.-E., non loin de l'*Aufidus* (Ofanto), où Hannibal tua plus de cinquante mille hommes aux Romains (216 av. J. C.).

2° Dans la Peucétie :

Barium (Bari), au S.-E. de Cannes, sur la mer.

2° MESSAPIE.

288. La Messapie (Terre d'Otrante) occupait tout le S.-E. de la presqu'île, par ses deux peuples : les *Calabrois* et les *Salentins*.

289. La Messapie avait pour V. P. :

1° Chez les CALABROIS :

Brindes (m. n., ou Brindisi), au S.-E. de Barium, port d'embarquement pour la Grèce, et patrie du poëte tragique Pacuvius (3e s. av. J. C.). Virgile y mourut comme il allait mettre en Grèce la dernière main à son Énéide.

Rudies, au S., patrie du poëte Ennius, oncle de Pacuvius ; — *Hydruntum* (Otrante), au S.-E., sur la mer.

2° Chez les SALENTINS :

Tarente, à l'O. de Rudies, fondée sur le *Taras* par le Lacédémonien Phalante. Son port avait 16 kil. de circonférence. C'est la patrie du géomètre Archytas et du philosophe Lysis, précepteur d'Épaminondas. Tarente était une ville de plaisir. Elle a donné son nom à l'araignée venimeuse, nommée *tarentule*.

3° LUCANIE.

290. La LUCANIE (presque toute la Basilicate, S. de la principauté Citérieure. N. de la Calabre Citérieure) s'étendait entre le golfe de Tarente, le *Bradanus* (Brandano), le Silarus et le Laüs.

291. La Lucanie avait pour V. P. :

Métaponte (ruines, Torre di Mare), au S.-O. de Tarente, à l'embouchure du *Casuentum* (Bisiento). Pythagore y mourut, 510 av. J. C.

Pæstum ou *Posidonie* (Pesti), célèbre autrefois par ses rosiers, et maintenant par ses restes d'antiquités.

Elée (Castello a Mare della Brucca), au S.-E., patrie de Zénon, philosophe stoïcien que le tyran Néarque fit piler dans un mortier (504 av. J. C.).

Héraclée (ruines, Policoro), à l'embouchure du *Siris* (Sinno), patrie du peintre Zeuxis (5e s. av. J. C.), et le théâtre de la première victoire de Pyrrhus sur les Romains, l'an 280.

Sybaris, au S., sur le *Sybaris* (Roccanello), ville de plaisir et de mollesse, de là le proverbe : *Mou comme un Sybarite*. Sybaris pouvait armer 300,000 hommes ; cependant elle ne put résister aux 120,000 Crotoniates, commandés par l'athlète Milon, qui la détruisit, l'an 510 av. J. C. Soixante-quatre ans après, elle fut remplacé par :

Thurium (Torre Brodognato), qui eut Charondas pour législateur. Une de ses lois défendait de paraître en armes dans l'assemblée publique; il l'enfreignit par mégarde et se punit lui-même en se perçant de son épée.

4° BRUTTIUM.

292. Le BRUTTIUM (S. de la Calabre Citérieure et les deux Calabres Ultérieures), occupait toute la pointe méridionale de l'Italie.

293. Le Bruttium avait pour V. P. :

Consentia (Cosenza), au centre, sur le *Crathis* (Crati), C.

Crotone (Cotrone), au S.-E., sur le golfe de Tarente, célèbre par ses athlètes et par l'école de philosophie qu'y fonda Pythagore.

Scylacium (Squillace), au S.-O., sur le golfe de ce nom, patrie de Cassiodore, ministre de Théodoric, premier roi des Ostrogoths en Italie (5e s. de J. C.).

Scylla (Sciglio), au S.-O., ville et écueil célèbre dans la mythologie.

Locres (Motta di Bruzzano), au S.-E., près du promontoire *Zéphyrium* (Bruzzano). Elle eut pour législateur Zaleucus, disciple de Pythagore.

Rhégium (Reggio), au N.-O., sur le détroit de Sicile, vis-à-vis de Messine ; patrie d'Agathocle, fils d'un potier, qui devint roi de Sicile (4e s. av. J. C.).

ART. 3. *Iles dépendantes de l'Italie.*

294. Quelles étaient les îles dépendantes de l'Italie?

---

294. Les *îles dépendantes de l'Italie* étaient :

1° La *Sicile* et les îles environnantes; 2° les *îles de la côte Campanienne* et de la *côte Étrurienne ;* 3° la *Corse* et la *Sardaigne*.

I. SICILE.

295. Quelle était la position de la Sicile? — 296. Quelle

en était la configuration? — 297. D'où lui venait le nom de Sicile? — 298. Quelles en étaient les principales montagnes? — 299. Donnez quelques détails historiques et physiques sur la Sicile? — 300. Quelles en étaient les villes principales? — 301. Quelles étaient les principales îles qui l'environnaient?

---

295. La SICILE était séparée de l'Italie par le *détroit de Sicile* (phare de Messine), où se trouvait, à l'opposé de Scylla (293), le gouffre de *Charybde*, si redouté des Anciens.

296. La Sicile était divisée en 3 parties ou vallées par une chaîne de montagnes dont les 3 caps: *Pélore* (Faro), au N.-E., *Pachynum* (Passaro), au S., et *Lilybée* (Boëo), à l'O., lui firent donner le nom de *Trinacrie* (Ile aux trois promontoires).

297. La Sicile s'appela ainsi des *Sicules*, peuple illyrien qui de l'Italie vint s'établir dans cette île.

298. Les montagnes les plus remarquables de la Sicile étaient :

L'*Etna* (m. n. ou Gibel), montagne volcanique dont le pied a plus de 80 kil. de tour. Les poëtes y plaçaient les forges de Vulcain et des Cyclopes.

Le mont *Eryx* (San-Juliano), à l'O., avec un temple consacré à Vénus.

299. Les Grecs fondèrent de nombreuses colonies dans la Sicile. Carthage en posséda longtemps une partie; des rois et des tyrans gouvernèrent le reste. Les Romains réduisirent toute l'île en province, l'an 212 av. J. C. La fertilité de la Sicile la faisait appeler le *grenier de Rome.*

300. Les V. P. de la Sicile étaient :

Messane (Messine), sur le détroit, nommée *Zancle* avant d'être envahie par des Messéniens qui s'expatrièrent (194).

Myles (Mélazzo), au N.-O., témoin de la première victoire navale des Romains sur les Carthaginois (261 av. J. C.

Catane (m. n.), au S.-O., près des plaines habitées par les féroces *Lestrygons.*

Hybla la Grande (Paterno), au S. E. célèbre par son miel.

Syracuse (m. n.), au S.-E., fondée l'an 735, par une colonie corinthienne, C. de la Sicile. C'était la plus grande, la plus riche, la plus belle et la plus puissante des villes grecques d'Europe; patrie de Théocrite et de Moschus, poëtes bucoliques, d'Épicharme, poëte comique, et d'Archimède, célèbre géomètre.

Dans l'*île d'Ortygie* (reste de cette grande cité), coulait la fontaine *Aréthuse*, si fameuse dans la Fable.

Géla (près de Terra-Nova), à l'O., patrie de Gélon, premier roi de Syracuse (5e s. av. J. C.).

Enna (Castro-Giovanni), au N., près des plaines où Proserpine fut enlevée par Pluton.

Agrigente (Girgenti), au S.-O., seconde ville de la Sicile, patrie du tyran Phalaris et du philosophe Empédocle, dont on a dit faussement qu'il s'était précipité dans le cratère de l'Etna pour s'immortaliser.

Drépane (Trapani), au N.-O., témoin de la mort d'Anchise, père d'Enée, et d'une victoire navale des Carthaginois sur les Romains (249 av. J. C.).

Panorme (Palerme), à l'E., au fond d'un golfe avec un bon port.

Himère (ruines, Termini), au S.-E., où Gélon tua 150,000 Carthaginois, le jour même du combat des Thermopyles (199), l'an 480 av. J. C.

301. Les principales îles voisines de la Sicile étaient :

1° *Mélite* (Malte), au S., fertile en coton et surtout en oranges ;

2° Les *îles Ægates* (Favignana, Maretimo et Levanso), vis-à-vis de Drépane, près desquelles les Romains remportèrent sur les Carthaginois une victoire navale qui termina la première guerre Punique (241 av. J. C.) ;

3° Les *îles Æoliennes* ou *Vulcaniennes* (îles de Lipari), au N.; ce sont sept îles volcaniques, entre autres :

Lipara (Lipari), la plus grande de toutes; — *Hiéra* ou *Vulcania* (Volcano), regardée comme le palais et l'atelier de Vulcain ; — *Strongyle* (Stromboli), regardée comme le séjour d'Éole, roi des Vents.

II. ILES SUR LA CÔTE CAMPANIENNE ET LA CÔTE ÉTRURIENNE.

302. Quelles étaient les principales îles de la côte Campanienne? — 303. De la côte Étrurienne?

---

302. Les principales îles de la côte Campanienne étaient :
1° Les *Sirénuses* (Galina ou Galli), au N. des Æoliennes, dans le golfe de Salerne, ancienne demeure des *Sirènes;*
2° *Caprées* (Capri), au N.-O., célèbre par les débauches et par la mort de Tibère (37 de J. C.) ;
3° *Ænaria, Pithécuse* ou *Inarime* (Ischia), sujette aux tremblements de terre. La Fable y a placé le géant Typhon.
303. L'île principale de la côte Étrurienne était :
Ilva (île d'Elbe), au N.-E., célèbre par son marbre et ses mines de fer.

III. CORSE ET SARDAIGNE.

304. Quelle était la position de l'île de Corse? — 305. Quelles en étaient les villes principales? — 306. Quelle était la position de l'île de Sardaigne? — 307. Quelles en étaient les villes principales?

---

304. L'île de Corse, appelée d'abord *Cyrnos*, était au S. d'Ilva et de la Ligurie. Elle était stérile, et ses habitants cruels et stupides.
305. Les V. P. de la Corse étaient :
Mantinorum Oppidum (Bastia), C. des Mantins.
Alalie, puis *Aléria* (vestiges, Aleria), sur la côte orientale, près du *Rhotanus* (Tavignano).
306. La Sardinie (Sardaigne) était séparée de la Corse par le *canal de Taphros* (Bouches de Bonifacio). Elle produisait des plantes amères et souvent vénéneuses, dont l'usage faisait, dit-on, retirer les nerfs et les muscles, de manière à produire un rire pénible; c'est ce rire qu'on appelle *rire sardonique.*

307. Les V. P. de la Sardaigne étaient :

Caralis (Cagliari), au S.-E., sur un golfe de m. nom, C.

Turris Lybyssonis (Porto de Torres), au N., ville romaine dont les environs s'appellent encore *Romangia.*

3e RÉGION. — PÉNINSULE HISPANIQUE OU HISPANIE.

308. Quelles étaient les bornes de la Péninsule Hispanique? — 309. Quels en étaient les différents noms? — 310. Quels en étaient les montagnes et les cours d'eau les plus remarquables? — 311. Donnez quelques détails historiques et physiques sur l'Hispanie. — 312. Quelles en étaient les divisions principales?

---

308. La PÉNINSULE HISPANIQUE ou HISPANIE (Espagne et Portugal) avait pour bornes :

Au N., les Pyrénées, qui, d'une mer à l'autre, la séparaient de la Gaule (France);

A l'E. et au S.-E., la Méditerranée;

Au S., le détroit d'Hercule ou de Gadès (7);

A l'O., l'océan Atlantique.

309. L'Hispanie s'appelait encore *Ibérie*, du fleuve *Ibérus* (Ebre); *Hespérie la Grande* (255), de sa situation occidentale par rapport à la Grèce, et *Celtibérie*, des *Celtes* qui la peuplèrent en grande partie.

310. Les montagnes les plus remarquables de l'Hispanie étaient :

1° Les monts *Solorius* (Sierra-Ronda, Loxa, Névada), chaîne la plus élevée;

2° Les monts *Orospéda* (Sierra de Alcaraz);

3° Le mont *Marianus* (Sierra-Moréna), qui finit au S.-O. par le *Cap Sacré* (Cap Saint-Vincent);

4° Le mont *Idubéda* (Sierra de Oca);

5° Le mont *Vinnius* (mont des Asturies), qui se terminait par plusieurs caps, le *Trileucum* (cap Ortégal), l'*Artabrum* (cap Finisterre), etc.

On distinguait parmi les cours d'eau :

1° Le *Bétis* (Guadalquivir), issu de l'Orospéda;

2° L'*Anas* (Guadiana), du Marianus;
3° Le *Tage* (m. n. ou Tejo), la *Munda* (Mondégo), le *Durius* (Douro), et l'*Ibérus* (Èbre), de l'Idubéda ;
4° Le *Minius* (Minho), du Vinnius.

311. L'Hispanie était célèbre par ses chevaux et par ses mines d'or, d'argent, de plomb, etc. Carthage la conquit; mais Rome s'en rendit maîtresse au commencement du 3e s., et la garda six cents ans, jusqu'à l'invasion des Barbares du Nord.

312. L'Espagne fut d'abord divisée par les Romains en deux provinces : l'*Ultérieure*, au S.-O., et la *Citérieure*, au N.-E. Sous Auguste, la première en forma deux . la *Bétique* et la *Lusitanie;* la seconde alors s'appela *Tarraconaise*, de *Tarraco* (Tarragone), sa capitale.

ART. 1er. *Espagne Ultérieure.*

313. Que comprenait l'Espagne Ultérieure? — 314. Par quoi se distinguait la Bétique? — 315. Que renfermait la Bétique, et quelles en étaient les villes principales? — 316. Que comprenait la Lusitanie? — 317. Quelles en étaient les villes principales?

---

313. L'ESPAGNE ULTÉRIEURE comprenait tout le S.-O. de la Péninsule par ses deux provinces, la *Bétique* et la *Lusitanie*, que l'Anas séparait l'une de l'autre.

I. BÉTIQUE.

314. La BÉTIQUE (Grenade, Andalousie, Nouvelle-Castille, se distinguait des autres provinces par ses mines et par sa fertilité.

315. La Bétique comprenait 3 peuples principaux, les *Bastules*, les *Turdétans*, les *Turdules*, et avait pour V. P. :
1° Chez les BASTULES, au S.-E. :
Malaca (Malaga), sur la mer, célèbre par ses fruits et ses vins.
Munda (Monda), au S.-O., où César remporta, l'an 45 av. J. C., une victoire périlleuse sur les fils de Pompée.

Calpé (Gebel-Tarik ou Gibraltar), au S.-E., rocher qui passe pour l'une des colonnes d'Hercule (168).

2° Chez les TURDÉTANS, à l'O. des Bastules :

Gadir ou *Gadès* (Cadix), au N.-O. de Calpé, dans l'île *Erythrée* (Léon), avec un port magnifique; patrie de Columelle, auteur d'un ouvrage sur l'agriculture (1er s. de J. C.).

Italica (Séville la Vieille), sur la rive droite du Bætis, patrie de Trajan (1er s. de J. C.).

Hispalis (Séville), sur l'autre rive du Bætis.

3° Chez les TURDULES, au N. des Turdétans :

Corduba (Cordoue, m. n.), sur le Bætis, ville lettrée, patrie des deux Sénèques et du poëte épique Lucain (1er s. de J. C.).

II. LUSITANIE.

316. La LUSITANIE (Portugal), outre le pays appelé *Cunéus* ou le *Coin* (Algarve), à cause de sa forme, au S., comprenait les *Celtiques*, les *Lusitains* et les *Vettons*.

317. La Lusitanie avait pour V. P. :

1° Dans le CUNÉUS :

Ossonoba, près de l'Océan.

2° Chez les CELTIQUES :

Pax Julia (Béja), au N. d'Ossonoba, C.

Ebora (Evora), au N.

3° Chez les LUSITAINS :

Olisippo (Lisbonne), au N.-O. d'Ébora, C., près de l'embouchure du Tage.

Scalabis (Sainte-Irène, d'où Santarem), au N.-E.

Conimbriga (Coïmbre), au N.-E., sur la Munda.

4° Chez les VETTONS :

Emérita Augusta (Mérida), au S.-E. de Conimbriga, sur l'Anas.

Norba Cæsaréa (Alcantara, c.-à-d. le Pont), au N.-O., sur le Tage, qu'on passe encore sur un pont long de 215 m. large de 75, construit sous Trajan.

Salamantica (Salamanque), au N.-E.

ART. 2. *Espagne Citérieure ou Tarraconaise.*

318. Que comprenait l'Espagne Citérieure ou Tarraconaise? — 319. Que comprenait la Tarraconaise, et quelles en étaient les villes principales? — 320. Quelles étaient les les dépendantes de la Tarraconaise?

---

318. L'ESPAGNE CITÉRIEURE (N. du Portugal, N.-E. et S.-E. de l'Espagne) occupait tout le N. et l'E. de la Péninsule.

319. La Tarraconaise renfermait 18 peuples principaux : les *Callæces* ou *Callaïques*, les *Vaccéens*, les *Arévaques*, les *Carpétans*, les *Orétans*, les *Bastitans*, les *Contestans*, les *Celtibères*, les *Edétans*, les *Ilercaons*, les *Cosétans*, les *Lalétans*, les *Indigètes*, les *Ilergètes*, les *Vescitans*, les *Vascons*, les *Astures*, les *Cantabres*, et avait pour V. P. :

1° Chez les CALLÆCES ou CALLAÏQUES (la Galice) :

Callé Portus (Porto), à l'O. de Salamanque, deux noms dont la réunion a formé celui du *Portugal*.

Braccara Augusta (Braga), au N.-E.

2° Chez les VACCÉENS :

Pallentia (Palencia), au N.-E. de Braccara.

3° Chez les ARÉVAQUES :

Numance (détruite, près de Soria), au S.-E. de Pallantia, renversée de fond en comble par Scipion Émilien (133 de J. C.).

Cauca (Coca), au S.-E., patrie de l'empereur Théodose le Grand.

Ségovie (m. n.), à l'O., avec un magnifique aqueduc romain.

4° Chez les CARPÉTANS :

Mantua (Madrid), au S.-E. de Ségovie, peu connue.

Tolétum (Tolède), au S.-O., sur le Tage, C. qui devint sous les Romains la caisse des trésors provenant des mines.

5° Chez les ORÉTANS :

Castulo (Cazlona), au S.-O. de Tolétum, sur le Bætis, où Scipion l'Africain défit Hasdrubal.

6° Chez les Bastitans :

Mentésa Bastitana (San-Thomé), à l'E. de Castulo.

7° Chez les Contestans :

Carthage la Neuve (Carthagène), au S.-E. de Mentésa, fondée, l'an 226, par Hasdrubal, gendre d'Hamilcar Barca, père d'Hannibal. Son vaste port et le voisinage de riches mines d'argent la rendirent extrêmement puissante.

8° Chez les Celtibères :

Bilbilis (Baubola, ruines, près de Catalayud), au N.-O. de Carthagène, patrie du poëte épigrammatique Martial (1er s. de J. C.).

9° Chez les Edétans :

Cæsaréa Augusta (Saragosse), au N.-E. de Bilbilis, sur l'Èbre, C.

Sagonte (détruite, près de Murviédro, c.-à-d. Vieux-Mur), au S.-E., dont la fidélité causa la ruine, l'an 218, et la ruine, la seconde guerre Punique.

10° Chez les Ilercaons :

Indibilis (Xert), au N.-E. de Sagonte, théâtre d'une victoire des deux Scipions sur Hasdrubal et Magon (3e s. av. J. C.).

11° Chez les Cosétans :

Tarraco (Tarragone), au N.-E. d'Indibilis, C.

2° Chez les Lalétans :

Barcino (Barcelone), au N.-E. de Tarraco, sur la mer, bâtie, dit-on, par Hannibal *Barca*.

13° Chez les Indigètes :

Emporia (Castello de Ampurias), au N.-E. de Tarraco.

14° Chez les Ilergètes :

Ilerda (Lérida), au S.-O. d'Emporia, théâtre d'une victoire de César sur Afranius et Pétréius, lieutenants de Pompée.

15° Chez les Vescitans :

Osca (Huesca), au N.-O. d'Ilerda, où Sertorius établit des écoles publiques pour les enfants espagnols de haute naissance.

16° Chez les Vascons (Gascons), qui, vers le 6e s., franchirent les Pyrénées pour s'établir dans la Gaule :

Pompéiopolis ou *Pompélo* (Pampelune), au N.-O. d'Osca, fondée, dit-on, par *Pompée.*

Calagurris (Calahorra), au S.-O., sur l'Èbre, patrie du rhéteur Quintilien (1er s. de J. C.).

17° Chez les Astures (les Asturies) :

Asturica Augusta (Astorga), au N.-O. de Calagurris.

Légio Septima Gémina (Léon), au N.-E., où fut établie une légion romaine.

18° Chez les Cantabres (les Biscaïens), près de l'*océan Cantabrique* (golfe de Gascogne ou de Biscaye), qui ne furent réduits que sous Auguste :

Juliobriga (dans le val de Viéso), au N.-O. de Légio, vers les sources de l'Èbre.

Flaviobriga (Porto Galleto), au N., sur la mer, non loin de la Gaule.

320. Les îles dépendantes de la Tarraconaise étaient :

1° Les îles Baléares (m. n.) qui fournissaient les plus habiles frondeurs de l'antiquité. Elles étaient au nombre de 2 : l'une appelée *Major* (Majorque), avec une capitale nommée *Palma* (m. n.); l'autre *Minor* (Minorque), avec *Portus Magonis* (Port-Mahon), le meilleur port de la Méditerranée.

2° Les îles Pityuses ou îles des Pins, au nombre de 2 : *Ebusus* (Iviça), avec une capitale de même nom, et *Ophiusc* ou *Serpentaire* (Formentéra), infestée de serpents.

4e RÉGION. — GAULE OU GAULES.

321. Quelles étaient les bornes de la Gaule? — 322. Donnez quelques détails historiques et physiques sur la Gaule. — 323. Quelles en étaient les divisions générales?

---

321. La Gaule (France, partie des États Sardes et de la Suisse, portion du grand-duché du Bas-Rhin, de la Belgique et de la Hollande), appelée par les Romains *Transalpine* pour la distinguer de la Cisalpine (257), avait pour bornes :

Au N., le Rhin et l'océan Germanique;

A l'O., le détroit de Gaule, l'océan Britannique, l'océan Atlantique et l'océan Cantabrique ;

Au S., les Pyrénées et le *golfe de Gaule* (golfe du Lion) ;

A l'E., les Alpes et le Rhin.

322. La Gaule était primitivement couverte de forêts où les Druides, prêtres et juges de la nation, tenaient leurs assemblées, enseignaient la jeunesse et pratiquaient les cérémonies de leur religion.

César, en moins de dix ans, conquit la Gaule, qui resta aux Romains jusqu'en 420 que les Francs, sous la conduite de Pharamond, leur chef, s'établirent dans le nord. Clovis s'empara du reste de cette contrée, qui prit alors le nom de France (510 de J. C.).

323. Avant la conquête de César, les Romains possédaient déjà le S.-E. de la Gaule, nommé *Provincia Romana* (d'où Provence). Le reste du pays était divisé par les indigènes en 3 parties : l'*Aquitaine* au S.-O., la *Celtique* au centre, et la *Belgique* au N. Auguste donna le nom de *Narbonnaise* à la Province Romaine, et celui de *Lyonnaise* à la Celtique. Ces 4 régions comprenaient 17 provinces, dont chacune avait sa métropole.

ART. 1er. *Aquitaine.*

324. Quelles étaient la position et la division de l'Aquitaine? — 325. Quelles étaient les rivières principales de la Novempopulanie? — 326. Que renfermait-elle, et quelles en étaient les villes principales? — 327. Quelles étaient les rivières de l'Aquitaine Deuxième? — 328. Que renfermait-elle, et quelles en étaient les villes principales? — 329. Quelles étaient les rivières de l'Aquitaine Première? — 330. Que renfermait-elle, et quelles en étaient les villes principales?

---

324. L'AQUITAINE, au S.-O., renfermait 3 provinces : 1° la *Novempopulanie*, au S.; 2° l'*Aquitaine* 2e, au N.; 3° l'*Aquitaine* 1re, à l'E.

325. La NOVEMPOPULANIE, ainsi nommée de ses neuf peu-

ples et située entre les Pyrénées et la *Garumna* (Garonne), était arrosée par la *Garonne* et par l'*Atur* (Adour).

326. La Novempopulanie renfermait 9 peuples principaux : les *Tarbelliens*, les *Béarnais*, les *Bigerres*, les *Convènes*, les *Consorrans*, les *Ausciens*, avec les *Elusates*, les *Lactorates*, les *Tarusates*, les *Sotiates* avec les *Vasates* et avait pour V. P. :

1° Chez les TARBELLIENS (O. des Basses-Pyrénées et des Landes), où s'établirent les Vascons d'Espagne (319) :

Aquæ Tarbellicæ (Dax), au N.-O., C., ainsi nommée de ses eaux thermales.

Lapurdum (Bayonne), au S.-O., à l'embouchure de l'Atur, forteresse romaine.

2° Chez les BÉARNAIS (E. des Basses-Pyrénées) :

Bénéharnum (vestiges), à l'E. de Lapurdum.

Iluro (Oloron), au S.

3° Chez les BIGERRES (Hautes-Pyrénées) :

Turba (Tarbes), au N.-E. d'Iluro, sur l'Atur.

4° Chez les CONVÈNES (S.-E. des Hautes-Pyrénées, S.-O. de la Haute-Garonne) :

Lugdunum Convenarum (Saint-Bertrand de Comminges), au S.-E., près de la Garonne.

5° Chez les CONSORRANS (S. de l'Ariége) :

Consorrani (Conserans), au S.-E.

6° Chez les AUSCIENS et les ELUSATES (Gers, E. des Landes) :

Elimberris Augusta ou *Ausci* (Auch), au N., métropole au 3e s.

Elusa (Éause), première métropole au N.-O.

7° Chez les LACTORATES (N.-E. du Gers) :

Lactora (Lectoure), à l'E.

8° Chez les TARUSATES (N.-E. des Landes) :

Atures (Aire), au S.-O., sur l'Atur.

9° Chez les SOTIATES et les VASATES : (S. de Lot-et-Garonne, S.-E. de la Gironde) :

Sotiates (Sos), au N.-O. ; — *Cossio*, puis *Vasates* (Bazas), au N.

327. L'AQUITAINE 2e, qui s'étendait au N. de la Novem-

populanie jusqu'au *Liger* (Loire), était arrosée par la Garonne, le *Duranius* (Dordogne) et le *Carantonus* (Charente).

328. L'Aquitaine 2e renfermait 5 peuples principaux : les *Bituriges Vivisques*, les *Santons*, les *Pictons* ou *Pictaves*, les *Pétrocoriens*, les *Nitiobriges*, et avait pour V. P. :

1° Chez les Bituriges Vivisques (N. de la Gironde) :

Burdigala (Bordeaux) au N.-O. de Vasates, métropole, sur la Garonne, patrie du poëte Ausone, précepteur de l'empereur Gratien (4e s.).

2° Chez les Santons (Charente-Inférieure et grande partie de la Charente) :

Médiolanum, puis *Santones* (Saintes), au N., sur le Carantonus, à l'embouchure duquel se trouvait l'île d'*Uliarus* (Oléron).

Inculisma (Angoulême), à l'E.

3° Chez les Pictons ou Pictaves (S. de la Loire-Inférieure et de Maine-et-Loire, Vendée, Deux-Sèvres, Vienne) :

Limonum, puis *Pictavi* (Poitiers), au N., C.

4° Chez les Pétrocoriens (Dordogne) :

Vésunna, puis *Pétrocorii* (Périgueux), au S.-E.

5° Chez les Nitiobriges (Lot-et-Garonne) :

Aginum (Agen), au S.

329. L'Aquitaine 1re était arrosée par la *Vigenna* (la Vienne), le *Caris* (le Cher), le *Duranius*, l'*Elaver* (l'Allier). l'*Oltis* (le Lot) et le *Tarnis* (le Tarn), dont les trois derniers sortaient du mont *Lesura* (m. Lozère), prolongement du mont *Cebenna* (les Cévennes).

330. L'Aquitaine 1re renfermait 6 peuples principaux : les *Cadurces*, les *Lémovices*, les *Bituriges Cubiens*, les *Arvernes*, les *Vellaves* avec les *Gabales*, les *Rutènes libres* et *provinciaux*, et avait pour V. P. :

1° Chez les Cadurces (Lot, N. de Tarn-et-Garonne) :

Divona, puis *Cadurci* (Cahors), au N.-E. d'Aginum, sur l'Oltis.

2° Chez les Lémovices (Creuse, Haute-Vienne, Corrèze) :

Augustoritum, puis *Lémovices* (Limoges), au N.

3° Chez les Bituriges Cubiens (O. de l'Allier, Cher

Indre), dont Bellovèse et Sigovèse, neveux d'Ambigat, conduisirent deux grandes colonies, l'une en Italie (260), l'autre en Germanie :

Avaricum, puis *Bituriges* (Bourges), métropole dont César ne s'empara qu'avec beaucoup de peine, l'an 52.

4° Chez les ARVERNES (S.-E. de l'Allier, Puy-de-Dôme e Cantal) :

Augustonémétum, puis *Arverni* (Clermont), C.

Gergovie (Gergoie), place forte sur une montagne, vainement assiégée par César, l'an 52.

5° Chez les VELLAVES et les GABALES (Haute-Loire et Lozère) :

Révessio, puis *Vellavi* (Saint-Paulien); — *Andéritum*, puis *Gabali* (Javoulx).

6° Chez les RUTÈNES LIBRES et les RUTÈNES PROVINCIAUX (Aveyron, N. du Tarn) :

Ségodunum, puis *Ruténi* (Rhodez); — *Albiga* (Albi), sur le Tarnis.

ART. 2. *Province romaine et Narbonnaise.*

331. Quelles étaient la position et la division de la Narbonnaise? — 332. Quelles étaient les rivières principales de la Narbonnaise Première? — 333. Par quel peuple était-elle habitée? — 334. Quelles étaient les villes principales des Volces Tectosages? — 335. Des Volces Arécomiques? — 336. Quelles étaient les rivières principales de la Viennoise? — 337. Que renfermait la Viennoise, et quelles en étaient les villes principales? — 338. Quels étaient les rivières, les peuples et les villes principales de la Narbonnaise Deuxième? — 339. Des Alpes Maritimes? — 340. Des Alpes Pennines et Grecques?

---

331. La PROVINCE ROMAINE OU NARBONNAISE, au S.-E., se divisait en 5 provinces : 1° la *Narbonnaise* 1re, au S.-O.; 2° la *Viennoise*, au centre; 3° la *Narbonnaise* 2e, à l'E. de la Viennoise; 4° les *Alpes Maritimes*, à l'E. de la Narbonnaise 2e; 5° les *Alpes Pennines* ou *Grecques*, au N. des précédentes.

332. La *Narbonnaise* 1re, située autour du golfe de Gaule (G. du Lion), était arrosée par le *Télis* (la Tet), l'*Atax* (l'Aude) et le *Vardo* (le Gard); à l'E., elle touchait le *Rhodanus* (le Rhône).

333. Toute la Narbonnaise 1re était occupée par une seule nation, les *Volces*, divisés en deux parties, les *Tectosages*, au S.-O., et les *Arécomiques*, au N.-E., qui se subdivisaient en plusieurs peuples.

334. Les Volces Tectosages, qui comprenaient 3 peuples principaux : les *Tolosates*, les *Sardons* et les *Atacins* avaient pour V. P. :

1° Chez les Tolosates (S. de Tarn-et-Garonne, Haute-Garonne, partie de l'Aude) :

Tolosa (Toulouse), sur la Garonne, C., et, vers 418, résidence des rois visigoths de Gaule.

2° Chez les Sardons (Pyrénées-Orientales) :

Ruscino (Castel-Roussillon, près de Perpignan).

3° Chez les Atacins (presque tout l'Aude et l'Hérault) :

Narbo-Martius (Narbonne), sur l'Atax, 1re colonie des Romains dans la Gaule, patrie de l'empereur Carus (3e s. de J. C.).

Carcaso (Carcassonne); — *Béterræ* (Béziers); — *Agatha* (Agde).

335. Les Volces Arécomiques (Gard, E. de l'Hérault) avaient pour V. P. :

Némausus (Nîmes), ville ancienne, avec des monuments romains, les plus précieux restes de l'antiquité qui soient en France; patrie de l'orateur Domitius Afer et du père de l'empereur Antonin (2e s. de J. C.).

336. La Viennoise, qui s'étendait le long du Rhône, depuis son embouchure jusqu'au lac *Léman* (lac de Genève), était arrosée par la *Druentia* (la Durance), la *Druna* (la Drôme) et l'*Isara* (l'Isère).

337. La Viennoise renfermait 7 peuples principaux : les *Anatiliens*, les *Massiliens* ou *Massaliotes*, les *Cavares*, les *Tricastins*, les *Ségalaunes*, les *Allobroges*, les *Voconiens*, et avait pour V. P. :

1° Chez les Anatiliens (S.-O. des Bouches-du-Rhône) :

Arélate (Arles), ville riche et puissante qu'Ausone appelle la *Rome des Gaules*, patrie de Constantin le Jeune et de S. Ambroise (4e s. de J. C.).

Tarasco (Tarascon), C.

2° Chez les MASSILIENS ou MASSALIOTES (S.-E. des Bouches-du-Rhône) :

Massilia ou *Massalie* (Marseille), fondée par les Phocéens (17), l'an 600 av. J. C., ville célèbre par son commerce, par les sciences et par les arts; patrie de Pythéas, géographe, astronome et voyageur (4e s. av. J. C.), de Pétrone, poëte et courtisan de Néron, etc.

3° Chez les CAVARES (presque tout Vaucluse, N. des Bouches-du-Rhône) :

Avénio (Avignon) ; — *Carpentoracte* (Carpentras) ; — *Aurausio* (Orange), C.

4° Chez les TRICASTINS (S.-O. de la Drôme) :

Augusta-Tricastinorum (Saint Paul-Trois-Châteaux), C.

5° Chez les SÉGALAUNES (centre de la Drôme) :

Valentia (Valence).

6° Chez les ALLOBROGES (Ardèche, N. de la Drôme, Isère, S.-E. de l'Ain, N.-O. de la Savoie, canton de Genève) :

Vienna (Vienne), sur le Rhône, métropole, où Caligula relégua Ponce Pilate), gouverneur de la Judée, qui s'y tua de désespoir.

Généva (Genève, sur le lac Léman; — Cularo, puis *Gratianopolis* (Grenoble), sur l'Isère.

7° Chez les VOCONTIENS (E. de la Drôme) :

Déa Vocontiorum (Die) ; — *Vassio* (Vaison), C.

338. La NARBONNAISE 2e, arrosée par l'*Argenteus* (l'Argens) et la *Druentia* (Durance), renfermait 8 peuples principaux : les *Vulgientes*, les *Tricoriens*, les *Mémines*, les *Albièces* ou *Réiens*, les *Salluviens* ou *Salyens*, les *Commones*, les *Oxybiens*, les *Décéates*, et avait pour V. P. :

1° Chez les VULGIENTES (S.-E. de Vaucluse) :

Apta Julia (Apt), C.

2° Chez les TRICORIENS (S.-O. des Basses-Alpes) :

Vapincum (Gap).

3° Chez les MÉMINES (O. des Basses-Alpes) :

Forum Néronis (Forcalquier); — *Ségustéro* (Sisteron).

4° Chez les ALBIÈCES ou RÉIENS (S. des Basses-Alpes) :

Albiœce ou *Reii* (Riez).

5° Chez les SALLUVIENS ou SALYENS (N.-E. des Bouches-du-Rhône) :

Aquœ Sextiœ (Aix), métropole célèbre par ses eaux thermales et par une victoire de Marius sur les Teutons (103 av. J. C.).

6° Chez les COMMONES (S.-O. du Var) :

Télo Martius (Toulon), bon port. Sur la côte, on trouvait les îles *Stœchades* (îles d'Hyères), au nombre de 3.

7° Chez les OXYBIENS (E. du Var) :

Forum Julii (Fréjus), à l'embouchure de l'Argenteus, patrie du poëte Corn. Gallus et de Julius Agricola, beau-père de l'historien Tacite.

8° Chez les DÉCÉATES (E. du Var) :

Antipolis (Antibes), colonie de Marseille (337).

339. Les ALPES MARITIMES, au S.-E. de la Gaule, arrosées par le *Varus* (le Var), renfermaient 7 peuples principaux : les *Suètres*, les *Néruses*, les *Sentiens*, les *Védiantiens*, les *Avantiques* avec les *Bodiontiques*, les *Caturiges*, les *Garocèles*, avec les *Ségusiens*, et avaient pour V. P. :

1° Chez les SUÈTRES (N.-E. du Var) :

Salinœ (Seillans), C.

2° Chez les NÉRUSES (S.-E. du Var) :

Vincium (Vence), C.

3° Chez les SENTIENS (S.-E. des Basses-Alpes) :

Sanitium (Senez), C.

4° Chez les VÉDIANTIENS (intendance de Nice) :

Nicœa (Nice), sous un climat délicieux, à l'O. de Monaco (266).

5° Chez les AVANTIQUES et les BODIONTIQUES (E. des Basses-Alpes) :

Dinia (Digne), C.

6° Chez les CATURIGES (E. des Hautes-Alpes) :

Caturiges (Chorges), 1re métropole; — *Ebrodunum* (Embrun), 2e métropole sous Claude; — *Brigantio* (Briançon), sur une haute montagne.

7° Chez les GAROCÈLES et les SÉGUSIENS (intendance de Turin): *Océlum* (Usseau) ; — *Ségusio* (Suse), résidence du roi Cottius, qui donna son nom aux Alpes *Cottiennes* (mont Genèvre).

340. Les ALPES PENNINES OU GRECQUES, au N. des Alpes Maritimes, étaient arrosées par le *Rhône*. Elles renfermaient 4 peuples principaux : les *Centrons*, les *Véragres*, les *Nantuates*, les *Séduns*, et avaient pour V. P. :

1° Chez les CENTRONS (intendance de Savoie) :

Darantasia (Moutiers), métropole, qui remplaça, comme capitale *Forum Claudii* (Centro), au S. de l'*Alpe Grecque* (Petit-Saint-Bernard) et de l'*Alpe Pennine* (Grand Saint-Bernard).

2° Chez les VÉRAGRES (Valais, m. pays) :

Octodorus (Martigny), C. ; — *Agaunum*, (S.-Maurice), célèbre par le martyre de la légion thébaine (5e s. de J. C.).

3° Chez les NANTUATES (Chablais et Bas-Valais, m. pays) :

Penni-Lucus (Penne).

4° Chez les SÉDUNS (Haut-Valais, m. p.) :

Séduni (Sion).

ART 3. *Celtique ou Lyonnaise.*

341. Quelles étaient la position et la division de la Celtique ou Lyonnaise? — 342. Quelles étaient les rivières principales de la Grande Séquanaise? — 343. Que renfermait la Grande Séquanaise, et quelles en étaient les villes principales? — 344. Quelles étaient les rivières principales de la Lyonnaise Première? — 345. Que renfermait la Lyonnaise Première, et quelles en étaient les villes principales? — 346. Quelles étaient les rivières principales de la Lyonnaise Quatrième? — 347. Que renfermait la Lyonnaise Quatrième, et quelles en étaient les villes principales? — 348. Quelles étaient les rivières principales de la Lyonnaise Troisième? — 349. Que renfermait la Lyonnaise Troisième, et quelles en étaient les villes principales? — 350. Quelles étaient les rivières principales de la Lyonnaise Deuxième? — 351. Que renfermait la Lyonnaise Deuxième, et quelles en étaient les villes principales?

341. La Celtique ou Lyonnaise occupait tout le centre de la Gaule et se divisait en 5 provinces : 1° *Grande Séquanaise* ou *Lyonnaise* 5e, au N. des Alpes Pennines et de la Viennoise; 2° la *Lyonnaise* 1re, à l'O. de la 5e; 3° la *Lyonnaise* 4e ou *Sénonie*, au N.-O. de la 3e; 4° la *Lyonnaise* 3e, à l'O. de la 4e; 5° la *Lyonnaise* 2e, au N. de la 3e.

342. La Grande Séquanaise, traversée par le mont *Jura* (m. n.) et le *Vocétius* (Boëts-Berg), était arrosée par le *Rhénus* (le Rhin), le *Dubis* (le Doubs), et l'*Arar* ou *Saucona* (la Saône).

343. La Grande Séquanaise renfermait 3 peuples principaux : les *Helvétiens*, les *Rauraques*, les *Séquanais*, et avait pour V. P. :

1° Chez les Helvétiens (presque toute la Suisse), les plus braves des Gaulois :

Aventicum (Avenche), C., au S. du lac Morat.

Salodurum (Soleure) ; — *Turichum* (Zurich) ; — *Aquæ Helveticæ* (Baden), avec des eaux thermales renommées.

2° Chez les Rauraques (Haut-Rhin, *France ;* canton de Bâle, *Suisse*).

Augusta Rauracorum (Augst), au coude du Rhin, qui, ruinée par Attila, donna naissance à *Basilia* (Bâle).

3° Chez les Séquanais (Haute-Saône, Jura, E. de Saône-et-Loire), N. de l'Ain) :

Vésontio (Besançon), sur le Dubis, C. et métropole.

344. La Lyonnaise 1re, séparée de la Grande Séquanaise, par l'Arar, était arrosée par la *Matrona* (la Marne), la *Sequana* (la Seine), l'*Icauna* (l'Yonne) et le *Liger* (la Loire).

345. La Lyonnaise 1re renfermait 4 peuples principaux : les *Ségusiens* avec les *Insubres*, les *Æduens* avec les *Aulerces Brannovices*, les *Mandubiens*, les *Lingons*, et avait pour V. P. :

1° Chez les Ségusiens et les Insubres (S.-O. de l'Ain, Rhône et Loire) :

Forum Ségusianorum (Feurs), ancienne C.

Lugdunum (Lyon), au confluent de l'Arar et du Rhodanus, métropole de la 1re Lyonnaise, puis C. de toute la

Celtique; patrie de Germanicus, de Claude et de Caracalla.

2° Chez les Æduens et les Aulerces Brannovices (N. du Rhône et de la Loire, E. de l'Allier, presque tout Saône-et-Loire, Nièvre), les plus puissants de la Celtique :

Bibracte, puis *Augustodunum* (Autun), C., près du *mont Dru* où s'assemblaient les Druides; patrie de Divitiac, druide æduen, qui introduisit les Romains dans cette partie de la Gaule.

Cabillonum (Châlon-sur-Saône); — *Matisco* (Mâcon), sur la Saône; — *Noviodunum*, puis *Névirnum* (Nevers), au S. de laquelle se trouvaient les *Boïens* (partie du Bourbonnais).

3° Chez les Mandubiens (S.-O. de la Côte-d'Or) :

Alésia (Alise), dont la prise (51 av. J. C.) décida de l'asservissement de la Gaule.

4° Chez les Lingons (S.-O. de la Côte-d'Or et des Vosges, S. de la Haute-Marne, E. de l'Yonne) :

Andomatunum, puis *Langones* (Langres), C., sur une montagne.

Dibio ou *Divio* (Dijon).

346. La Lyonnaise 4e, au centre de toute la Gaule, était arrosée par la Loire, l'Yonne et la Saône.

347. La Lyonnaise 4e renfermait 5 peuples principaux : les *Sénonais*, les *Tricasses*, les *Meldes* avec les *Parisiens*, les *Carnutes*, les *Auréliens*, et avait pour V. P. :

1° Chez les Sénonais (N.-O. de la Nièvre, presque tout l'Yonne, S. de Seine-et-Marne et de Seine-et-Oise, N.-E. du Loiret) :

Sénones (Sens), métropole, d'où la Lyonnaise 4e s'est appelée *Sénonie*.

Autissiodurum (Auxerre), sur l'Yonne; — *Agédinum* (Provins); — *Mélodunum* (Melun).

2° Chez les Tricasses (S.-O. de la Marne, Aube) :

Augustobona. puis *Tricasses* (Troyes), sur la Seine.

3° Chez les Meldes et Parisiens (N. de Seine-et-Marne, Seine, N.-E. de Seine-et-Oise) :

Iatinum, puis *Meldi* (Meaux), sur la Marne.

Lutétia, puis *Parisii* (Paris), renfermée, sous César, dans l'île de Notre-Dame. Julien y bâtit, sur la pente du mont *Lécutitius* (mont Ste Geneviève), le palais des *Thermes*, dont une partie subsiste encore (rue de la Harpe).

4° Chez les CARNUTES (S.-O. de Seine-et-Oise, Eure-et-Loir, N.-O. de Loir-et-Cher) :

Durocasses (Dreux), où les Druides tenaient leurs assemblées annuelles.

Autricum, puis *Carnutes* (Chartres), sur l'*Autura* (Eure).

5° Chez les AURÉLIENS (S.-E. de Loir-et-Cher et S.-O. du Loiret) :

Génabum, puis *Auréliani* (Orléans), sur la Loire, brûlée par César et rebâtie par Aurélien (274 de J. C.).

348. La LYONNAISE 3e, à l'O. de la 2e, qui comprenait, le long des côtes, le *pays des Armoricains*, appelé par la suite *Petite Bretagne*, était arrosée par la Loire, la *Meduana* (la Mayenne) et l'*Hérius* (la Vilaine).

349. La LYONNAISE 3e renfermait 10 peuples principaux : les *Turons*, les *Andes* ou *Andécaves*, les *Namnètes*, les *Vénètes*, les *Osismiens* avec les *Corisopites*, les *Curiosolites*, les *Rédons*, les *Arviens*, les *Aulerces Diablintes*, les *Aulerces Cénomans*, et avait pour V. P. :

1° Chez les TURONS (Indre-et-Loire) :

Cæsarodunum, puis *Turones* (Tours), C. et métropole, dont S. Martin fut évêque, l'an 371 de J. C.

2° Chez les ANDES ou ANDÉCAVES (N. de Maine-et-Loire) :
Juliomagus, puis *Andécavi* (Angers).

3° Chez les NAMNÈTES (N. de la Loire-Inférieure) :
Condivicnum, puis *Namnètes* (Nantes), sur la Loire, C.

4° Chez les VÉNÈTES (Morbihan), les plus puissants et les plus habiles marins de l'Armorique :

Dariorigum, puis *Vénéti* (Vannes), C. Sur les côtes étaient les îles Vénétiques, dont la principale s'appelait *Vendilis* (Belle-Ile).

5° Chez les OSISMIENS et les CORISOPITES (Finisterre, O. des Côtes-du-Nord) :

Vorganium, puis *Osismii* (Carhaix), C.

Brévates Portus (Brest). Sur les côtes étaient l'île *Uxan-*

tis (Ouessant) et l'île *Séna* (île de Sain ou Sein), demeure de 9 druidesses.

6° Chez les CURIOSOLITES (E. des Côtes-du-Nord) :

Fanum Martis, puis *Curiosolites* (Corseuil, près de Dinan), C.

7° Chez les RÉDONS (Ille-et-Vilaine) :

Condate, puis *Rédones* (Rennes).

8° Chez les ARVIENS (S. de la Mayenne) :

Vagoritum, puis *Arvii* (la Cité, vestiges près de l'Erve), C.

9° Chez les AULERCES DIABLINTES (N. de la Mayenne) :

Nœdunum, puis *Diablintes* (Jublains, près de Mayenne), C.

10° Chez les AULERCES CÉNOMANS (Sarthe) :

Suindinum, puis *Cénomani* (le Mans), C.

350. La LYONNAISE 2e, au S.-E. de la 3e, était arrosée par l'*Agénus* (la Vire), l'*Olina* (l'Orne) et la *Seine*.

351. La Lyonnaise 2e renfermait 9 peuples principaux : les *Saïens*, les *Abrincates*, les *Unelles* ou *Vénelles*, les *Bajocasses*, les *Viducasses*, les *Lexovices*, les *Aulerces Eburovices*, les *Véliocasses*, les *Calètes*, et avait pour V. P. :

1° Chez les SAÏENS (Orne) :

Saii (Seez), C.

2° Chez les ABRINCATES (S. de la Manche) :

Ingéna, puis *Abrincatui* (Avranches), C.

3° Chez les UNELLES OU VÉNELLES (N. de la Manche) :

Crociatonum (Valognes), C. ; — *Constantia* (Coutances). Sur la côte étaient les 3 îles *Cæsarea* (Jersey), *Sarnia* (Guernesey) et *Riduna* (Aurigny).

4° Chez les BAJOCASSES (O. du Calvados) :

Arægénus, puis *Bajocasses* (Bayeux), C., sur l'*Arægénus* (Aure).

5° Chez les VIDUCASSES (centre du Calvados) :

Augustodurum, puis *Viducasses* (Vieux, près de Caen), C.

6° Chez les LEXOVICES (E. du Calvados, O. de l'Eure) :

Noviomagus, puis *Lexovices* (Lisieux), C.

7° Chez les AULERCES EBUROVICES (E. de l'Eure) :

Médiolanum, puis *Eburovices* (Evreux), C.

8° Chez les VÉLIOCASSES (N.-E. de l'Eure, S.-E. de la Seine Inférieure, N.-O. de Seine-et-Oise) :

Rotomagus (Rouen), C. et métropole; — *Briva-Isaræ* (Pontoise), sur l'*Isara* (Oise).

2° Chez les CALÈTES (N.-O. de la Seine-Inférieure) :

Juliobona (Lillebonne), C.

ART. 4. *Belgique.*

352. Quelles étaient la position et la division de la Belgique? — 353. Quelles étaient les rivières principales de la Belgique 2e? — 354. Que renfermait la Belgique 2e, et quelles en étaient les villes principales? — 355. Quelles étaient les rivières de la Germanie 2e ou Inférieure? — 356. Que renfermait la Germanie 2e, et quelles en étaient les villes principales? — 357. Quelles étaient les rivières de la Belgique 1re? — 358. Que renfermait la Belgique 1re, et quelles en étaient les villes principales? — 359. Quels étaient la position, les peuples et les villes principales de la Germanie 1re ou Supérieure?

---

352. La BELGIQUE occupait tout le nord de la Gaule entre la Celtique, l'Océan et le Rhin; elle se divisait en 4 provinces :

1° La *Belgique* 2e, à l'O.; 2° la *Germanie* 2e ou *Inférieure*, au N.-E.; 3° la *Belgique* 1re, au S.-E.; 4° la *Germanie* 1re ou *Supérieure*, à l'E.

353. La BELGIQUE 2e était arrosée par la *Samara* (la Somme), l'*Oise*, l'*Auxona* (Aisne), la *Marne*, la *Sabis* (Sambre) et le *Scaldis* (l'Escaut).

354. La Belgique 2e renfermait 9 peuples principaux : les *Ambianois*, les *Bellovaques*, les *Suessionais*, les *Catalaunes*, les *Rémois*, les *Véromanduens*, les *Atrébates*, les *Morins*, les *Nerviens*, et avait pour V. P. :

1° Chez les AMBIANOIS (presque toute la Somme) :

Samobriva, puis *Ambiani* (Amiens), sur la Samara, C.

2° Chez les BELLOVAQUES (Oise), les plus belliqueux et les plus puissants des Belges :

Cæsaromagus, puis *Bellovaci* (Beauvais).

3° Chez les SUESSIONAIS (S.-O. de l'Aisne) :

Noviodunum, puis *Augusta Suessionum*, enfin *Suessionnes* (Soissons), C.

4° Chez les Catalaunes (S.-E. de la Marne, N.-O. de la Haute-Marne), où Mérovée, roi des Francs, Aétius, général romain, et Théodoric, roi des Visigoths, défirent Attila, roi des Huns, appelé le *fléau de Dieu*, l'an 451 de J. C. :

Duro-Catalaunum, puis *Catalauni* (Châlons-sur-Marne), C.

5° Chez les Rémois (N.-O. de la Marne, S.-E. de l'Aisne, Ardennes), partisans des Romains :

Duro-Cortorum, puis *Rémi* (Reims), C. et métropole.

6° Chez les Véromanduens (E. de la Somme, O. de l'Aisne) :

Augusta-Véromanduorum (Vermand ou St-Quentin), C.

7° Chez les Atrébates (S.-E. du Pas-de-Calais) :

Némétacum, puis *Atrébates* (Arras), C.

8° Chez les Morins (S.-O. du Pas-de-Calais et du Nord) :

Taruenna (Térouanne), C., détruite par Charles-Quint en 1553.

Gésoriacum, puis *Bononia* (Boulogne), sur le détroit de Gaule, comme :

Portus Itius (Wissant), d'où César fit voile pour effectuer une descente dans la Grande-Bretagne.

9° Chez les Nerviens (S.-E. du Nord, Flandre occidentale, Hainault) :

Bagacum (Bavay), remplacé tour à tour comme C. par *Turnacum* (Tournai) et *Camaracum* (Cambrai).

355. La Germanie 2e, entre les deux Belgiques, la mer et le Rhin, était arrosée par l'*Escaut*, la *Mosa* (la Meuse et la *Sambre*.

356. La Germanie 2e renfermait 7 peuples principaux : les *Aduatiques* avec les *Bétasiens* et les *Condruses*, les *Toxandres* et les *Ménapiens*, les *Bataves* avec les *Caninéfates*, les *Gugernes*, les *Eburons*, les *Ubiens*, les *Suniques*, et elle avait pour V. P. :

1° Chez les Aduatiques (S. du Brabant) :

Aduaticorum Oppidum (Falais-sur-la-Méhaigne).

Au N. étaient les *Bétasiens* (province d'Anvers), et les

Condruses (prov. de Liége), au milieu de l'*Arduenna Silva* (Forêt des Ardennes).

2° Chez les TOXANDRES et les MÉNAPIENS (N. du Brabant et du Limbourg) :

Toxandria (Tessender-Loo).

3° Chez les BATAVES et les CANINÉFATES (prov. d'Utrecht) :

Batavorum Oppidum (Batemburg), sur la Meuse, 1re C.

Lugdunum Batavorum (Leyde), près de l'embouchure du Rhin, 2e C.

Noviomagus (Nimègue), sur le *Vahalis* (Vahal).

4° Chez les GUGERNES (N. du duché de Clèves et Berg) :

Colonia Trajana (Kœln), près de Clèves, C.

5° Chez les EBURONS (presque tout le Limbourg, N.-O. du duché de Clèves et Berg) :

Atuatucca, puis *Tungri* (Tongres); — *Pons Mosæ* (Maëstricht).

6° Chez les UBIENS (S. du duché de Clèves et Berg) :

Colonia Agrippina (Cologne), C. et métropole, sur le Rhin, patrie d'*Agrippine*, mère de Néron.

7° Chez les SUNIQUES (O. de la prov. du Bas-Rhin, dans le grand-duché de ce nom) :

Tolbiac (Zulpich), théâtre d'une victoire de Clovis sur les Allemands (496 de J. C.).

357. La BELGIQUE 1re, entre la Belgique 2e, la Germanie 2e et le mont *Vogésus* (les Vosges), était arrosée par la *Meuse* et la *Mosella* (Moselle).

358. La Belgique 1re renfermait 4 peuples principaux : les *Trévères* avec les *Cérèses*, les *Verdunois*, les *Leuques*, *Médiomatrices*, et avait pour V. P. :

1° Chez les TRÉVÈRES et les CÉRÈSES (grand-duché de Luxembourg, province de Trèves).

Augusta Trévirorum, puis *Tréveri* (Trèves), C. et métropole, sur la Moselle.

2° Chez les VERDUNOIS (Meuse) :

Vérodunum (Verdun), C.

3° Chez les LEUQUES (S.-O. de la Meurthe et des Vosges) :

Tullum (Toul), C.

4° Chez les MÉDIOMATRICES (Moselle, N.-E. de la Meurthe) :

Divodurum, puis *Médiomatrici*, enfin *Métis* (Metz), C., sur la Moselle.

359. La GERMANIE 1re, entre les Vosges, la Belgique 1re et le Rhin, renfermait 3 peuples principaux : les *Caracates* avec les *Vangions*, les *Némètes*, les *Triboques* et avait pour V. P. :

1° Chez les CARACATES et les VANGIONS (Hesse-Rhénane, grand-duché de Hesse-Darmstadt) :

Moguntiacum (Mayence), sur le Rhin, C. et métropole.

Borbétomagus, puis *Vangiones* (Worms).

Au N., les Trévères possédaient un petit territoire avec *Confluentes* (Coblentz), et *Autunnacum* (Andernach), sur le Rhin.

2° Chez les NÉMÈTES (cercle du Rhin, Bavière) :

Noviomagus, puis *Némètes* (Spire), C.

3° Chez les TRIBOQUES (Bas-Rhin) :

Argentoratum (Strasbourg), C., où Julien défit 7 rois germains, l'an 357.

5e RÉGION. — GERMANIE PROPREMENT DITE OU GRANDE GERMANIE.

360. Quelles étaient les bornes de la Grande Germanie? — 361. Quelles en étaient les forêts principales? — 362. Quels en étaient les principaux cours d'eau? — 363. Quelles en étaient les divisions générales?

---

360. La GRANDE GERMANIE avait pour bornes:

Au N., l'Océan Germanique et le golfe Codan;

A l'O., le Rhin ;

Au S., le Danube;

A l'E., la Vistule.

361. La Grande Germanie était en partie couverte de forêts, auxquelles on donnait le nom générique de *Forêt Hercynienne*. On y distinguait la *Forêt Martiane* (Forêt-Noire), à l'E. du *Boïohémum* (la Bohême).

362. Les principaux cours d'eau de la Grande Germanie étaient, outre le *Rhin*, le *Visurgis* (le Wéser), l'*Albis* (l'Elbe), le *Viadrus* (l'Oder) et la *Vistula* (la Vistule).

363. La Grande Germanie était divisée d'après ces fleuves en trois parties : 1° la *Germanie entre le Rhin et le Wéser*; 2° la *Germanie entre le Wéser et l'Elbe*; 3° la *Germanie entre l'Elbe et la Vistule*.

I. GERMANIE ENTRE LE RHIN ET LE WÉSER.

364. Par quelle nation était habitée la Germanie entre le Rhin et le Wéser ? — 365. Quels en étaient les peuples et les lieux les plus remarquables ?

---

364. La GERMANIE ENTRE LE RHIN ET LE WÉSER (royaume de Wurtemberg, grand-duché de Bade, duché de Nassau, les Hesse, grand-duché d'Oldenbourg, partie de la Prusse et du Hanovre, N. de la Hollande), était habitée par la nation confédérée des *Franks* (hommes libres), qui se divisaient en plusieurs peuples.

365. Les peuples et les lieux les plus remarquables de ce pays étaient :

1° Les ALLEMANDS (Wurtemberg et partie du grand-duché de Bade), dont le nom a passé à toute la Germanie (Allemania, Allemagne). On y trouvait :

Valentiniani Munimentum (Manheim), sur le Rhin, forteresse construite par l'empereur *Valentinien*.

2° Les MATTIAQUES (partie du duché de Nassau, etc.), avec :

Aquæ Mattiacæ (Wies-Baden, c.-à-d. Bains-Chauds).

3° Les SICAMBRES (partie du duché de Nassau, de Bade, etc., dont le nom désignait quelquefois toute la Germanie septentrionale.

4° Les BRUCTÈRES (Province Rhénane, *Prusse*).

5° Les FRISONS (N.-E. de la Hollande, Frise, etc.) près du lac *Flevo* (Yssel), devenu le Zuyder-Zée en 1225.

6° Les MARSES, sur les bords de l'*Amisia* (l'Ems); — les PETITS CAUQUES, sur la rive gauche du Wéser, avec une partie des CHÉRUSQUES, où l'on trouvait :

Teutoburgiensis Saltus ou la *Forêt de Teutberg* (près de Paderborn, près de laquelle se voit encore le *Rœmerfeld*, c.-à-d. Champ des Romains, où Arminius tua par trahison trois légions romaines, commandées par Varus (9 de J. C.).

II. GERMANIE ENTRE LE WÉSER ET L'ELBE.

366. Quels étaient les peuples principaux de la Germanie entre le Wéser et l'Elbe?

---

366. Les peuples principaux de la GERMANIE ENTRE LE WÉSER ET L'ELBE (presque tout le Hanovre, la Saxe et la Bohême, partie de la Prusse, de la Hesse et de la Bavière), étaient :

1° Les GRANDS CAUQUES (Hanovre), sur la rive droite du Wéser.

2° Les CHÉRUSQUES (duché du Luxembourg, Hanovre), avec

Idistavisus Campus (Champ d'Hastembek), près du Wéser, où Germanicus vengea Varus par l'extermination des Chérusques (15 de J. C.)

3° Les CATTES (partie de la Hesse), appelés *Suèves* par César.

4° Les HERMUNDURES (partie de la Bavière et de l'Autriche), qui s'étendaient de l'Elbe au Danube.

5° Les MACROMANS (Bohême), qui chassèrent du Boïohémum les Gaulois Boïens (378).

III. GERMANIE ENTRE L'ELBE ET LA VISTULE.

367. Que comprenait la Germanie entre l'Elbe et la Vistule? — 368. Quels en étaient les principaux peuples?

---

367. La GERMANIE ENTRE L'ELBE ET LA VISTULE (grande partie de la Prusse, Mecklembourg, Holstein, partie de la Saxe et de la Pologne ; — Moravie, *Autriche*), appelée par Tacite *Suévie*, comprenait un grand nombre de petits États indépendants, comme la Confédération Germanique de nos jours.

368. Les principaux peuples de la Germanie entre l'Elbe et le Vistule étaient :

1° Les SEMNONS (Lusace et Basse-Silésie, *Prusse*), au N. des Marcomans.

2° Les LONGOBARDS, d'où *Lombards* (Brandebourg, *Prusse*) dont le 10e roi, Alboin, fonda, en Italie, l'an 568, le royaume de *Lombardie*, qui dura jusqu'à l'an 774.

3° Les VINDILES (Mecklembourg), qui, sous le nom de *Vandales*, fondèrent, l'an 429, en Afrique, un royaume détruit vers 534 par Bélisaire.

4° Les BURGUNDIONS ou BOURGUIGNONS (partie de la Poméranie), qui de 407 à 413, fondèrent dans la Gaule un royaume détruit en 534 par les fils de Clovis.

5° Les LYGIENS (partie de la Pologne), avec *Calisia* (Kalich).

6° Les QUADES (Moravie), peuple brigand, mais hospitalier.

6e RÉGION. — CONTRÉES DU DANUBE.

369. Quelles étaient les bornes des contrées du Danube? — 370. Quels en étaient les pays principaux?

---

369. Les CONTRÉES DU DANUBE, arrosées par ce fleuve et ses affluents, avaient pour bornes :

Au N., le Danube, les monts Carpathes et le *Tyras* (Dniester);

Au S., les Alpes;

Au S.-E., l'Hémus ;

A l'O., la Grande Germanie.

370. Les contrées du Danube renfermaient 6 pays principaux; 1° la *Vindélicie;* 2° la *Rhétie ;* 3° la *Norique;* 4° la *Pannonie;* 5° la *Mœsie;* 6° la *Dacie.*

I. VINDÉLICIE.

371. Quelles étaient les bornes de la Vindélicie? — 372. Quelles rivières et quels lacs y trouvait-on? — 373. Quelles en étaient les villes principales?

---

371. La Vindélicie (S. de la Bavière et du grand-duché de Bade ; partie du Tyrol, *Autriche*), avait pour bornes :

Au N., le Danube ;

A l'O., les Helvétiens ;

Au S., la Rhétie ;

A l'E., l'*Œnus* (l'Inn), affluent du Danube.

372. On trouvait dans la Vindélicie le *Licus* (le Lech), le lac *Verbanus* (lac Majeur) et le lac *Brigantinus* (lac de Constance).

373. La Vindélicie avait pour V. P. :

Régina (Ratisbonne) ; — *Damasia*, puis *Augusta Vindélicorum* (Augsbourg), sur le Licus ; — *Brigantia* (Brégenz), sur le lac Brigantinus.

II. RHÉTIE.

☞ 374. Quelles étaient les bornes de la Rhétie? — 375. Quelles en étaient les rivières et les villes principales?

---

374. La Rhétie (pays des Grisons et de Saint-Gall, *Suisse;* Tyrol) avait pour bornes :

Au N., la Vindélicie ;

A l'O., l'Helvétie ;

Au S., les Alpes Rhétiques ;

A l'E., la Norique.

375. La Rhétie, arrosée par le *Rhin*, l'*Inn* et l'*Adige*, avait pour V. P. :

Curia (Coire), sur le Rhin ; — *Tridentum* (Trente), sur l'Adige ; — *Térioli*, d'où vient le nom de *Tyrol*.

III. NORIQUE.

376. Quelles étaient les bornes de la Norique ? — 377. Quelles en étaient les villes principales ?

---

376. La Norique (partie de la Bavière et de l'Autriche) avait pour bornes :

Au N., les Quades et les Marcomans;
A l'O., la Rhétie et la Vindélicie;
Au S., les Alpes Noriques;
A l'E., la Pannonie.

377. La Norique, arrosée par l'*Œnus*, la *Drave* et la *Save* (m. n.), avait pour V. P. :

Juvavum (Salzbourg); — *Boïodurum* (Innstadt), au confluent de l'Inn et du Danube, où s'établirent les Boïens, chassés du Boïohémum, l'an 6 av. J. C. (366). De là viennent les noms de *Boïaria, Boïvaria, Bavière.*

IV. PANNONIE.

378. Quelles étaient les bornes de la Pannonie? — 379. Quelles en étaient les divisions? — 380. Quelles en étaient les villes principales?

---

378 La PANNONIE (partie de l'Autriche et de la Hongrie), arrosée par l'*Arrabon* (le Raab), la Drave, la Save et le *Colapis* (la Kulp), avait pour bornes :

Au N. et à l'E., le Danube;
Au S.-O., l'Illyrie;
A l'O., la Norique;
Au S.-E., la Mœsie.

379. La Pannonie se divisait en 3 provinces : 1° la *Pannonie Supérieure;* 2° la *Valérie;* 3° la *Pannonie Inférieure* ou *Savie.*

380. Les V. P. étaient :

1° Dans la PANNONIE SUPÉRIEURE :

Vindobona (Vienne), sur le Danube, C.

2° Dans la VALÉRIE :

Brigétio (ruines), sur le Danube, où mourut Valentinien Ier, l'an 375.

3° Dans la PANNONIE INFÉRIEURE :

Mursa (Eszek), sur la Drave, théâtre d'une sanglante bataille entre Constance et l'usurpateur Magnence, l'an 351.

Scissia (Sissek), sur le Colapis; — *Cibalis* (Swilei), sur la Save, patrie de Valentinien Ier, et théâtre d'une victoire de Constantin sur son compétiteur Licinius (an 323).

Sirmium (Sirmisch), sur la Save, patrie de l'empereur Probus. Marc-Aurèle y mourut l'an 180.

V. MŒSIE.

381. Quelles étaient les bornes de la Mœsie? — 382. Quelles en étaient les divisions? — 383. Quelles en étaient les villes principales?

---

381. La Mœsie (Servie et Bulgarie, Turquie) avait pour bornes :

Au N., le Danube ;

A l'O., la Pannonie et l'Illyrie ;

Au S., la Macédoine et la Thrace ;

A l'E., le Pont-Euxin.

382. La Mœsie se divisait en 3 provinces : la *Mœsie Supérieure* ou 1re; 2° la *Dacie d'Aurélien ;* 3° la *Mœsie Inférieure* ou 2e.

383. Les V. P. étaient :

1° Dans la Mœsie 1re :

Singidunum (Belgrade), sur le Danube.

Viminacium (ruines), sur le Danube, métropole.

Taliatis (Gradisca), près de l'endroit où le Danube prend le nom d'*Ister* jusqu'à son embouchure.

2° Dans la Dacie d'Aurélien :

Naïssus (Nissa), où naquit, en 274, Constantin le Grand, 1er empereur chrétien.

Ulpianum et *Taurésium* (Giustendil), patries, l'une de l'empereur Justin Ier, l'autre de son neveu Justinien (6e s.).

Sardica (ruines, Triaditza, près de Sophia).

3° Dans la Mœsie 2e :

Œscus (Ingigen), sur l'Ister, C. des Triballes.

Nicopolis ad Istrum (Nicopoli), sur l'Ister, bâtie par Trajan.

Tomi (Tomisvar), dans la Scythie, célèbre par l'exil d'Ovide, l'an 17 de J. C.

VI. DACIE.

384. Quelles étaient les bornes de la Dacie? 385. Quelles en étaient les villes principales?

---

384. La Dacie (portion de la Russie; Moldavie et Valachie, *Turquie;* Transylvanie et Haute-Hongrie, *Autriche*) avait pour bornes :

Au N., les monts *Carpathes* (Krapacks) et le *Tyras* ou *Danaster* (Dniester) qui la limitait à l'E. avec le Pont-Euxin ;

Au S., l'Ister ;

A l'O., la Pannonie.

385. La Dacie, patrie de Xalmolxis, législateur des Gètes, avait pour V. P. :

Iassiorum municipium (Iassy), sur le *Porelus* (le Pruth).

Zarmizégéthusa, puis *Ulpia Trajana* (Gradisca), C.

Tibiscus (Temesvar), à l'O.

7e RÉGION. — SARMATIE EUROPÉENNE ET CHERSONÈSE TAURIQUE.

386. Quelles étaient les bornes de la Sarmatie européenne? — 387. Quels en étaient les fleuves principaux? — 388. Quels en étaient les peuples et les endroits les plus remarquables? — 389. Quelle était la position de la Chersonèse Taurique? — 390. Quels en étaient les endroits les plus remarquables?

---

386. La Sarmatie européenne (presque toute la Russie d'Europe, partie de la Pologne et de la Prusse) avait pour bornes :

Au N., l'océan Hyperborée;

A l'E., le Tanaïs (le Don);

Au S., la Dacie et le Pont-Euxin;

A l'O., la Vistule.

387. Les principaux fleuves de la Sarmatie européenne étaient le *Borysthènes*, puis *Danapris* (le Dniéper), le *Turuntus* (la Duna) et le *Rubo* (le Reuss ou Niémen).

388. Les peuples les plus remarquables de la Sarmatie européenne étaient :

1° Les Bastarnes et les Peucins (Moldavie, *Turquie;* Podolie, *Russie*), à l'E. desquels se trouvait la *Petite-Scythie*, avec

Olbia (ruines, près de Nicolaïev), au confluent du Danapris et de l'*Hypanis* ou *Bogus* (Boug).

Odessus (plage de Bérézen), port célèbre.

2° Les Tyrigètes et les Iazyges (Bessarabie, Podolie, Volhynie, Ukraine, pays des Cosaques, *Russie*).

3° Les Sauromates ou Sarmates, sur le Palus-Méotide, d'où le nom de *Sarmatie.*

4° Les Roxolans, au N., d'où le nom de *Russes.*

5° Les Budins et les Gélons, à l'O.

6° Les Agathyrses (Moscou, Smolensk).

7° Les Vénèdes (Livonie, etc., *Russie;* partie de la Prusse), le long du golfe Codan.

8° Les Borusses, d'où le nom de *Prusse.*

9° Les Estiéens (Esthonie, Livonie), au N.-E., sur les côtes desquels on recueillait l'ambre jaune, *succinum* ou *électrum*, fort estimé des anciens.

10° Les Hyperboréens, placés par les poëtes au delà des *monts Riphées.*

389. La Chersonèse Taurique (Crimée, *Russie*) était une presqu'île formée par le Pont-Euxin et le Palus-Méotide. Elle était ainsi nommée des *Tauro-Scythes*, qui l'habitaient. Ce peuple barbare immolait tous les étrangers qui touchaient au rivage.

390. Les endroits les plus remarquables de la Chersonèse Taurique étaient :

Taphrées (Pérékop), sur l'isthme qui joint la presqu'île au continent.

Chersonésus, puis *Cherson* (Kherson); — *Théodosie* (Caffa), sur la mer, au S.-E.

Panticapée, puis *Bosphore* (Kertch), C. d'un royaume

cédé par son dernier roi Parisadès à Mithridate le Grand.

8e RÉGION. — CHERSONÈSE CIMBRIQUE ET SCANDINAVIE

391. Quelle était la position de la Chersonèse Cimbrique? — 392. Quels en étaient les principaux peuples?

I. CHERSONÈSE CIMBRIQUE.

391. La CHERSONÈSE CIMBRIQUE (Jutland, duché de Sleswick et de Holstein, *Danemark*) était comprise entre le golfe Codan, l'Elbe et l'océan Germanique.

392 Les peuples principaux de la Chersonèse Cimbrique étaient :

1° Les CIMBRES, au N., que Marius défit avec les Teutons, leurs compatriotes (338).

2° Les ANGLES, qui, ligués avec les SAXONS, passèrent dans l'Angleterre et la conquirent (5e s. de J. C.).

II. SCANDINAVIE.

393. Quelle était la position de la Scandinavie? — 394. Quels en étaient les peuples principaux?

---

393. La SCANDINAVIE (Finlande, Suède, Norvége, partie du Danemark) était regardée par les anciens comme une île de l'océan Hyperborée. On la trouve nommée *Scandia* et *Baltia*, d'où les noms de *Scandinavie* et *Baltique*.

394. Les peuples principaux de la Scandinavie étaient :

1° Les FENNES ou FINNOIS, d'où le nom de *Finningie* (Finlande).

2° Les SITONS, dans le *Nérigon* (Norvége), avec le port de *Bergo* (Bergen) et le mont *Sévo* (Dophrines).

3° Les SUIONS, dans la *Sueonia* (Suède).

4° Les GUTES ou JUTES (Goth-land, *Suède*), qu'on trouve, l'an 215, établis en Dacie, sous le nom d'*Ostrogoths* (Goths de l'E.) et de *Visigoths* (Goths de l'O.).

5° Les HILLÉVIONS (Hal-land, Goth-land), près de la Scanie, seule nation connue des Romains au temps de Pline (1er s. de J. C.).

9e RÉGION. — ARCHIPEL DES ILES BRITANNIQUES.

395. Quelle était la position des Iles Britanniques? — 396. Quelles en étaient les divisions principales?

---

395. Les Iles Britanniques (Grande-Bretagne) étaient situées entre l'océan Septentrional ou Germanique, à l'E., le détroit de Gaule, au S., l'océan Britannique, au S.-E., et l'océan Atlantique, à l'O.

396. Les îles Britanniques se divisaient en 3 parties: 1° la *Bretagne*, à l'E.; 2° l'*Hibernie*, à l'O.; 3° les *Petites îles*.

I. *Bretagne.*

397. Quels étaient les noms de la Bretagne? — 398. Quelles en étaient les divisions? — 399. Comment se divisait la Bretagne romaine? — 400. Quels étaient les pays, les peuples et les endroits principaux de la Bretagne romaine proprement dite? — 401. De la Bretagne barbare? — 402. Quels étaient le nom et les peuples de la Calédonie? — 403. Quelles en étaient les villes principales?

---

397. La Bretagne (Angleterre et Écosse), nommée d'abord *Albion*, à cause de la blancheur de ses côtes, s'appela plus tard *Britannia*, d'un mot celtique qui signifie *couleur produite par le tatouage.* En effet, les habitants se teignaient le corps en bleu et traçaient sur leurs membres diverses figures d'animaux.

398. La Bretagne, conquise par Julius Agricola (92 de J. C.), se divisait en *Bretagne romaine* et en *Bretagne barbare* ou *Calédonie*, séparées l'une de l'autre, d'abord par le mur d'Adrien, puis par celui de Sévère, qui allait de

l'embouchure de la *Glota* (la Clyde) à l'*Estuaire de Bodotria* (G. de Forth ou d'Édimbourg).

399. La Bretagne romaine se divisait en deux parties principales : 1° la *Bretagne romaine proprement dite*, au S.; 2° la *Bretagne barbare*, au N., entre le mur d'Adrien et celui de Sévère.

400. La Bretagne romaine proprement dite, arrosée par la *Tamesis* (la Tamise), l'*Abus* (l'Humber) et la *Sabrina* (la Saverne), avait pour pays, pour peuples et pour endroits principaux :

1° Le Cantium (comté de Kent) avec :

Durovernum (Kenterbury, Cantorbéry) : — *Dubris* (Douvres), port, vis-à-vis de Calais.

2° Les Silures (c. de Monmouth), avec :

Isca Silurum (Caërleon), vers l'embouchure de la Sabrina.

Venta Silurum (Caërwet), dont le roi Caractacus s'illustra contre les Romains (51 de J. C.).

3° Les Trinobantes (Middlesex, Essex, Hertford, Buckingham) avec :

Londinium (Londres), port très-fréquenté sur la Tamesis.

4° Les Icènes (Norfolk, Suffolk, Cambridge), dont la reine Boadicée s'empoisonna pour échapper aux Romains, l'an 61 de J. C., avec :

Venta Icénorum (Chester, près de Norwich) ; — *Camboritum* (Cambridge).

5° Les Brigantes (York, Lancastre, Cumberland, Northumberland), avec :

Eboracum (York), résidence du gouverneur romain, où moururent (211 et 306 de J. C.) Septime Sévère et Constance Chlore, père du grand Constantin.

401. La Bretagne barbare, entre le mur d'Adrien et celui de Sévère (Northumberland, S. de l'Écosse), avait pour V. P. :

Alata Castra ou *Camp ailé* (Edimbourg), poste romain sur une hauteur.

402. La Calédonie (Ecosse septentrionale) était aussi ap-

pelée *pays des Pictes*, nom qui vient du mot cimbrique ou gallois *pictioch*, voler, caractère distinctif des Calédoniens. A ce peuples se mêlèrent les *Attacots* ou *Scots* d'Irlande. d'où le nom de *Scotia*, Écosse.

403. La Calédonie avait pour V. P. :

Victoria (Stirling), fondée par Agricola, l'an 84, en souvenir de la victoire qu'il remporta sur les Calédoniens, près du mont *Grampius* (les Grampiens).

Devana (Vieux Aberdeen), au N.-E.

II. HIBERNIE.

404. Quels étaient les noms, les peuples et les rivières principales de l'Hibernie? — 405. Quelles en étaient les villes principales ?

---

404. L'Hibernie (Irlande), qui s'appelait encore *Ierne* (d'où le mot *Erin*, nom de cette île), était arrosée par le *Sénus* (le Shannon) et le *Buninda* (la Boyne). On y distinguait les *Brigantes*, venus de la Bretagne (401), et les *Scots* qui passèrent en Écosse.

405. Les V. P. de l'Hibernie étaient :

Régia (Armagh), au N.; — *Eblana* (Dublin), à l'E. ; — *Iernis* (près de Cashel), dans l'intérieur.

III. PETITES ÎLES DE LA GRANDE-BRETAGNE.

406. Quelles étaient les principales petites îles de la Grande-Bretagne?

---

406. Les principales petites îles de la Grande-Bretagne étaient :

1° *Vectis* (Wight), au S. de la Bretagne romaine.

2° Les *Cassitérides* ou *îles de l'Étain* (archipel de Scilly), où les Phéniciens faisaient un grand commerce de ce métal.

3° *Mona* (Anglesey), dans le canal d'Hibernie, retraite principale des Druides.

4° *Monabia* (Man), au N. de Mona.

5° Les *Ébudes* (Hébrides ou Westernes), sur la côte occidentale; peu connues.

6° Les *Orcades* (m. n. ou Orkney), au N. de l'Écosse.

7° *Thulé* (la plus grande des îles Shetland), au N. des Orcades, limite des connaissances des anciens, qui la regardaient comme l'extrémité du monde.

FIN DU PETIT ABRÉGÉ DE GÉOGRAPHIE ANCIENNE.

TABLE ALPHABÉTIQUE

DE

TOUS LES NOMS GÉOGRAPHIQUES ET HISTORIQUES

CONTENUS DANS CET OUVRAGE.

N. B. Les noms des parties du monde sont en GRANDES CAPITALES; ceux des contrées, des royaumes, des provinces, etc., en PETITES CAPITALES; ceux des personnages historiques, en *italique*.

Abréviations employées dans cette table : *d.*, détroit; — *fl.*, fleuve; — *g.*, golfe; — *i.*, île ou îles; — *l.*, lac; — *m.*, mont, montagne; — *p.*, peuple ou peuples; — *r.*, rivières.

C

F

J

FIN DE LA TABLE.

17970. — Typograghie Lahure, rue de Fleurus, 9, à Paris.

MÊME LIBRAIRIE.

GÉOGRAPHIE (nouvelle) **ANCIENNE** comparée et du **MOYEN ÂGE**, rédigée sur un plan historique, pour servir d'introduction à la géographie moderne; par M. Em. Lefranc. 6e *édition, entièrement refondue par l'auteur, et augmentée* d'un sommaire de la géographie du moyen âge. 1 vol. in-12.

M. Lefranc a suivi, dans cet ouvrage, une route toute nouvelle. Prenant pour point de départ l'Asie, le berceau du genre humain et de la civilisation, il conduit l'élève à travers cette vaste région, lui faisant connaître en peu de mots les mœurs de chaque peuple, les productions de chaque contrée, l'origine du nom de chaque pays, les vicissitudes qu'il a subies, le rôle qu'il a joué dans l'histoire ou dans la mythologie. S'il cite un fait historique, il a soin d'en indiquer la date; si c'est un personnage, il désigne le siècle auquel il appartient, et la cause qui lui mérite une mention. Il en fait de même pour l'Afrique et pour l'Europe.

—— Petit abrégé de géographie ancienne; par le même. 1 vol. in-18, cart.

GÉOGRAPHIE (nouvelle) **MODERNE**, par bassins ; rédigée sur un plan historique, et comparée dans ses divisions et dans sa nomenclature avec la Géographie ancienne; par M. Em. Lefranc. 6e *édition*, avec tableaux, suivie d'une table pouvant servir de dictionnaire géographique. 1 vol. in-12.

Cette *Nouvelle Géographie moderne* se recommande par la facilité de sa méthode, par l'heureuse disposition des matières, par l'exactitude des faits, et surtout par la réunion de deux avantages qu'on ne rencontre dans aucun ouvrage de ce genre : le premier, c'est que, rédigée sur un plan historique, elle peut servir d'introduction ou de complément à l'étude de l'histoire; le second, c'est qu'elle lie la géographie ancienne à la géographie moderne, en les comparant l'une avec l'autre, dans la nomenclature des provinces, des villes, des montagnes, des fleuves, en un mot, dans tous les noms géographiques qui prêtent à des rapprochements. Ces deux avantages, sans compter encore celui de présenter une solution à toutes les *questions géographiques contenues dans le programme du Baccalauréat*, ne peuvent manquer de mériter à la *Nouvelle Géographie moderne* le suffrage et la préférence de MM. les professeurs.

—— Petit abrégé de géographie moderne par bassins; par le même auteur. 1 vol. in-18.

Paris. — Typographie de Firmin Didot Frères, rue Jacob, 56.

www.ingramcontent.com/pod-product-compliance
Ingram Content Group UK Ltd.
Pitfield, Milton Keynes, MK11 3LW, UK
UKHW020303180726
13839UKWH00001B/358

9 782329 481388